战略性新兴产业的发展及金融支持研究

汤 洋 徐博文 著

中国商业出版社

图书在版编目（CIP）数据

战略性新兴产业的发展及金融支持研究/汤洋，徐博文著.—北京：中国商业出版社，2024.6
ISBN 978－7－5208－2931－1

Ⅰ.①战… Ⅱ.①汤… ②徐… Ⅲ.①新兴产业－产业发展－金融支持－研究－中国 Ⅳ.①F269.24

中国国家版本馆CIP数据核字（2024）第106077号

责任编辑：滕　耘

中国商业出版社出版发行
（www.zgsycb.com　100053　北京广安门内报国寺1号）
总编室：010－63180647　　编辑室：010－83118925
发行部：010－83120835/8286
新华书店经销
济南圣德宝印业有限公司印刷
＊
710毫米×1000毫米　16开　8.25印张　140千字
2024年6月第1版　2024年6月第1次印刷
定价：60.00元
＊　＊　＊　＊
（如有印装质量问题可更换）

前　言
FORWORD

当前，全球正处于新一轮技术革命的关键时期，科技正深刻地改变全球产业格局，技术变革改变了传统的产业发展模式，众多传统产业面临着转型升级甚至是被替代的命运，与此同时，一批战略性新兴产业也应运而生。战略性新兴产业作为一种新的产业形态，具有知识技术密集程度高、市场前景好、潜力大、效益高、资源消耗少等特点，对于国民经济发展具有重要意义，因此也成为世界各国竞争的焦点。此外，高投入和高风险也是战略性新兴产业所具有的重要特征，因此想要实现其进一步的发展，金融支持是十分必要的。

只有创新科技，才能使得经济得以振兴。只有走在科技创新的最前端，才能保证战略性新兴产业的快速发展。战略性产业，是在国民经济中占有重要地位，对国计民生、国家经济等有重大影响的产业。新兴产业则是随着时代的进步，不断创新，从而研发出新技术、新产品的一种新型产业，与传统产业相比，具有高技术含量、高附加值、资源集约等特点。由此得出，战略性新兴产业其实就是将战略性产业与新兴产业融合在一起，在重大技术突破和重大发展需求的基础上，对经济社会全局和长远发展具有重大引领带动作用的产业。而金融在现代经济中占据核心的位置，战略性新兴产业的发展与金融支持是密不可分的。在我国的政府工作报告中，多次提及战略性新兴产业发展。因此，加大金融对我国战略性新兴产业的支持，是重点解决的战略任务。本书以此为研究背景，对战略性新兴产业的发展及金融支持进行了较为深入的研究。

  本书共分为七章。第一章为战略性新兴产业与金融支持概述，系统阐述了战略性新兴产业概念的界定和金融支持概念的界定；第二章从多个角度对战略性新兴产业的特征、发展规律、发展现状及其发展中值得关注的问题进行了分析；第三章探索了我国战略性新兴产业的多维发展模式，包括产业集群式发展模式、传统产业转变型发展模式、政府引导型发展模式、微笑曲线发展模式、科技金融融合发展模式等；第四章分析了我国战略性新兴产业发展的工业基础，并提出了产业发展的政策推进路径；第五章阐述了金融发展支持战略性新兴产业成长的理论基础；第六章对我国金融支持战略性新兴产业发展进行了研究；第七章则提出了当前构建战略性新兴产业发展的金融支持体系的对策与建议。

  本书在写作过程中参考了众多专家、学者的研究成果，在此表示诚挚的感谢。由于时间和个人能力的限制，本书内容难免存在疏漏之处，恳请广大读者批评指正，以便后期修改完善。

作 者

2024年3月

目录
CONTENTS

第一章　战略性新兴产业与金融支持概述……………………………1
  第一节　战略性新兴产业概念的界定………………………………1
  第二节　金融支持概念的界定………………………………………2

第二章　我国战略性新兴产业发展的多维认知分析…………………5
  第一节　战略性新兴产业的特征及发展规律………………………5
  第二节　我国战略性新兴产业的发展现状…………………………15
  第三节　我国战略性新兴产业发展中值得关注的问题……………21

第三章　我国战略性新兴产业发展模式的多维探索…………………26
  第一节　产业集群式发展模式………………………………………26
  第二节　传统产业转变型发展模式…………………………………29
  第三节　政府引导型发展模式………………………………………32
  第四节　微笑曲线发展模式…………………………………………34
  第五节　科技金融融合发展模式……………………………………38
  第六节　商业模式创新与核心技术开发相结合发展模式…………39
  第七节　产学研合作发展模式………………………………………42
  第八节　柔性组织发展模式…………………………………………44

第四章　我国战略性新兴产业的发展路径研究············48
第一节　战略性新兴产业发展的工业基础············48
第二节　战略性新兴产业发展的政策推进路径············54

第五章　金融发展支持战略性新兴产业成长的理论基础············62
第一节　发展经济学框架下的金融发展理论············62
第二节　内生经济增长理论框架下的金融发展理论············70
第三节　熊彼特理论下的创新与产业发展理论············76

第六章　我国金融支持战略性新兴产业发展研究············91
第一节　战略性新兴产业金融需求特征分析············91
第二节　战略性新兴产业发展的金融支持现状分析············95

第七章　构建战略性新兴产业发展的金融支持体系的对策与建议············104
第一节　优化推动战略性新兴产业发展的融资环境············104
第二节　构建支持战略性新兴产业金融发展的融资平台············108
第三节　拓展支持战略性新兴产业发展的融资体系············113

参考文献············122

第一章 战略性新兴产业与金融支持概述

第一节 战略性新兴产业概念的界定

战略性新兴产业作为产业经济学中的概念，特指能够与国民经济的其他重要产业，诸如制造业、金融业、零售业、能源产业等深度融合，能够带动其他产业快速、全面成长的产业。多个国家的历史证明，战略性新兴产业能够为经济发展带来新的动力，能够突破国民经济发展的瓶颈，带领国民经济进入新的发展阶段。

战略性新兴产业自提出后发展至今，从宏观到微观都发生了深刻的变化。

2010年10月，我国发布了《国务院关于加快培育和发展战略性新兴产业的决定》。其中明确提出："战略性新兴产业是以重大技术突破和重大发展需求为基础，对经济社会全局和长远发展具有重大引领带动作用，知识技术密集、物质资源消耗少、成长潜力大、综合效益好的产业。"该决定将节能环保、新一代信息技术、生物、高端装备制造、新能源、新材料、新能源汽车等产业初步定位为七大战略性新兴产业。不难看出，加快培育和发展战略性新兴产业对推进我国现代化建设具有重要战略意义。它是全面建设小康社会、实现可持续发展的必然选择，是推进产业结构升级、加快经济发展方式转变的重大举措，是构建国际竞争新优势、掌握发展主动权的迫切需要。

2012年，国务院召开常务会议讨论并通过了《"十二五"国家战略性新兴产业发展规划》；2016年，国务院印发《"十三五"国家战略性新兴产业发展规划》。七大战略性新兴产业的重点发展方向和主要任务得以进一步落实。2017年1月25日，国家发展和改革委员会发布了《战略性新兴产业重点产品和服务指导目录》，将对《"十三五"国家战略性新兴产业发展规划》明确的新一代信息技术、高端装备制造、新材料、生物、新能源汽车、新能源、节能环保、数字创意等战略性新兴产业5大领域的8个产业，进一步细化到40个重点方向下的174个子方向，近4000项细分产品和服务。2021年，《中华人民共和国国民经济和社会发展第十四个五年规划和2035年远景目标纲要》提出，"着眼于抢占未来产业发展先机，培育先导性和支柱性产业，推动战略性新兴产业融合化、集群化、生态化发展"。2022年10月，党的二十大报告强调，要"推动战略性新兴产业融合集群发展，构建新一代信息技术、人工智能、生物技术、新能源、新材料、高端装备、绿色环保等一批新的增长引擎"。

在新时代，战略性新兴产业站在新的起点上，潜力无限。

第二节　金融支持概念的界定

伴随着金融业的发展和壮大，金融对经济增长的支撑和推动作用越来越受到世界各国的重视。金融支持是金融发展的作用机理的概念化综合，其目的在于通过金融对经济增长起到推动作用。在我国，金融作为一种重要的经济活动，其作用主要表现在资源配置的效率、中介服务的作用、宏观调控的作用等方面。目前，我国对于"金融支持"的定义还没有一个统一的标准，所以，本书结合学界已有的研究成果，从政策视角和市场视角出发，对金融支持的概念进行归纳和概括。

一、基于政策性的金融支持

在调整金融资源分配过程中，金融资源分配会因为最终分配的不完善和分配的限制而造成失效。在此背景下，应从根本上实现国家对金融市场的有效调节，以及对金融市场的合理分配。政策性金融支持对我国经济发展具有重要的支撑意义。一方面，政策性金融支持不仅可以弥补商业性金融的缺陷，还可以更好地发挥它的主导功能，对国家政策所支持发展的行业和区域进行资金扶持，可以更好地指导金融资源的合理分配，从而提升金融资源的配置效率。另一方面，政策性金融支持也是一种很好的诱导效应，可以将商业银行和企业引入政府所扶持的产业中，以达到推动产业发展的目的。从政策性的角度来看，金融支持是指为达到一定的经济目的而采取的一种金融手段，它可以为培育战略性新兴产业给予存贷利率等优惠，或者直接给予资金补助。例如，顾海峰认为，金融支持指的是通过政府直接或间接干预，引导商业性或政策性金融机构向符合国家产业发展规划的领域倾斜，从而使金融资源在这一领域得到优先配置，也就是制定金融产业发展政策和其他金融政策，其目的是支持国家产业政策和经济社会发展计划。

二、基于市场性的金融支持

在发达的现代市场经济中，市场起着主导作用。金融市场是最主要的资金来源，也是经济增长的核心支撑力量。在金融支持中，商业金融和市场金融起着主导与基础性作用。经济的发展与进步离不开一个成熟的金融市场，金融市场在促进实体经济健康有序发展的过程中发挥着重要的作用。从市场性角度来看，金融支持指的是通过金融市场筹集资金、分散风险、提高资产流动性的过程。

金融支持是一种以金融资源为基础，以社会资本为依托的融资方式，对我国的经济发展具有十分重要的意义。从产业层次上看，金融对某一产业的扶持，其实质是政府如何调动资金来对特定产业的发展进行支持。本书通过对金融支持含义的剖析，从宏观角度对金融支持产业和经济发展进行探讨。在中国特色社会主义市场经济体制下，我国的战略性新兴产业不仅要依赖于市场，还要依赖于国家对其进行有效的管理。所以，在产业经济发展过程中，市场性的金融支持在其中起到了基础的支持作用，政策性金融支持则在引导作用方面更为突出。

战略性新兴产业的发展离不开金融支持。《国务院关于加快培育和发展战略性新兴产业的决定》《"十二五"国家战略性新兴产业发展规划》等文件中多次提出：加快培育和发展战略性新兴产业，必须健全财税金融政策支持体系，加大扶持力度，引导和鼓励社会资金投入；加强金融政策和财政政策的结合，运用风险补偿等措施，鼓励金融机构加大对战略性新兴产业的信贷支持。

第二章 我国战略性新兴产业发展的多维认知分析

第一节 战略性新兴产业的特征及发展规律

一、战略性新兴产业的特征

（一）战略性新兴产业的宏观特征

战略性新兴产业是我国国民经济的重大战略产业，它是新兴技术与新兴产业相结合、技术含量高、产业关联度高、市场空间大、节能减排能力强的朝阳产业，它不仅体现了科技创新的方向，更体现了产业发展的趋势。它的特征具有广泛的宏观性，主要表现在以下几点。

1.战略性

战略性新兴产业在经济发展中占有重要地位，可以对社会发展产生重大影响，有利于推动经济结构调整和发展方式转变，并可以有效解决可持续发展面临的制约因素，为经济社会长期发展提供必要的技术基础，在一些重要的竞争性领域可以保持产业技术的领先地位。同时，战略性新兴产业也具有一定的不确定性。因为它是一个新的行业，还没有一个标准的战略模型，甚至企业有可能还不知道客户的特性、竞争对手的特性，因此，大部分的企业对此还没有一个成熟的战略模型，其战略尚需通过实践来验证。与传统产业相比，战略性新兴产业的发展水平还不够成熟，还存在着很多的不确定因素。

2. 全局性

战略性新兴产业拥有巨大的战略价值，同时也是科学研究的前沿，极具产业带动效应。新兴产业不仅对一个国家或地区的科技进步、战略性产业发展、综合竞争力提升具有重要促进作用，由于其代表着经济发展的方向，与国防安全联系密切，因而更直接关系到经济社会发展全局乃至国家安全。

3. 创新性

战略性新兴产业是基于社会经济重大发展需求，其本质特征是重大技术突破，因而对经济社会全局和长远发展具有重大的引领带动作用。一方面，在科技、产品、工艺和市场等领域，战略性新兴产业的发展将对我国的新兴企业起到巨大的推动作用；另一方面，战略性新兴产业的发展，也为各类科技成果的深层次应用与产业化奠定了坚实的基础。战略性新兴产业是一个新技术产业化发展较快的领域，它具有较多的研发投资，能够快速地带来行业与企业的创新，同时也具有较高的劳动生产率。战略性新兴产业拥有很高的科技准入门槛，拥有技术专利的企业虽然只是所有企业中的一小部分，但随着时间的流逝，它们将拥有很大的市场需求，这使得这个产业拥有很强的独立性和较高的利润空间。

4. 先导性

战略性新兴产业的先导性表现在它代表了技术与产业发展的新趋势，是一个国家或地区在经济、产业与技术方面的先导力量。它的成长和发展具有颠覆性、革命性，而不是渐进式的。这是由重大产业技术创新所具有的颠覆性、革命性特征所决定的。一系列或大或小的产业技术变革的积累，最终将酝酿重大的产业技术突破，如信息技术革命便与早期的工业革命存在本质区别。技术革命又将直接催生产业领域的巨大变革，从而掀起产业革命。例如，当前世界范围内的物联网产业、生物医药产业等，都具有显著的先导性。

5. 风险性

战略性新兴产业的开拓性特征决定了它在内涵和形式上都缺乏可供借鉴的经验，需要企业自己去摸索；战略性新兴产业的"边缘化"特性，使得影响项目成功与失败的因素大为增多；支持新兴产业发展的政策制度还不健全，新的内容与旧的制度、旧的规范经常发生冲突，使得战略性新兴产业的发展面临着巨大的风险。另外，战略性新兴产业的技术更新换代快，存在较高风险，如果一味追求发展规模或速度，很容易使其陷入"技术陷阱"。

6.产业带动性

战略性新兴产业具有明显的产业带动性。它不仅自身拥有强大的发展优势，拥有巨大的市场需求潜力和较强的产业成长性，比其他行业的平均增速要快，总体上呈现出一种快速发展的状态，还拥有与其他产业的关联度高、渗透力强、辐射面广的特点，对传统产业的影响和改造效果也比较明显，可以与其他产业相互促进、相互渗透，促进相关产业的共同发展。

7.导向性

国家对战略性新兴产业的选择具有一定的信号作用，它可以反映出政府的政策导向，也可以作为未来经济发展重心的风向标，同时也是引导人才集聚、资金投入、技术研发和产业政策制定的重要依据。而战略性新兴产业的出现，又多是由于重大的技术创新，或者是消费需求发生了巨大的变化，因此对人才集聚、资金投入、技术研发、产业政策制定等都会有很大的影响，对经济和社会的发展有着重要的战略意义。

8.倍增性

战略性新兴产业一旦形成就会迅速发展，在产业规模和经济贡献上将会发挥出巨大的推动力，使得市场规模和经济总量快速增长，从而促进经济社会的迅速发展。一些战略性新兴产业中的龙头企业，通过整合国际高端要素，在短时间内快速崛起，成为引领一国与一地区经济发展的重要支撑力。

9.辐射性

辐射性也可以被称为关联性，也就是说，战略性新兴产业的发展将会带动其他产业的发展，从而达到产业发展的协同效应。战略性新兴产业是一种技术的跨界融合，可以带动相关产业的发展。从产业发展的实际情况来看，战略性新兴产业通常都是产业交叉的结果。例如，发展战略性新兴产业离不开传统产业，而传统产业并不等于落后产业，它也是发展战略性新兴产业的基础。所以，它的发展不可避免地会牵涉多个行业，并且要求所有相关行业对它提供多方面的保障。

10.低碳环保性

全球变暖和气候变化不断加剧，低碳经济也随之产生。我国一直在大力倡导资源节约和环境友好型社会建设，并提出了2030年"碳达峰"与2060年"碳中和"的目标，低碳、环保已经成为我国战略性新兴产业发展关注的焦点和核心。将低碳环保性作为战略性新兴产业的特征之一，一方面是由于对人类生存环境的巨大压力；另一方面，从目前的经济和技术条件来看，发展低碳和环境友好型的战略性新兴产业已基本成熟。所以，发展低碳、绿色、环保的战略性新兴产业，将成为我国经济发展的主导力量。

11.可持续性

要想发展战略性新兴产业，就必须有企业对其进行持续的研究与投资，这就注定了战略性新兴产业的发展是一种可持续发展的方式，它可以在较长的时间里，带动整个经济社会的持续发展。战略性新兴产业的可持续发展能力是其最重要的特点，没有可持续发展能力，就谈不上是战略性产业。当前，国际上大多数的战略性新兴产业都还处在发展初期，掌握着关键的核心技术的国家将占据主导地位。对于我国而言，要加速培育和发展战略性新兴产业，就必须强调自主创新，不断研发、不断投入，加速建立一个以企业为主体、以市场为导向、以政府为主导、以科研为主要手段、以产学研为密切联系的技术创新系统，以创建创新型产业为战略目标、建立可持续发展为战略方向，以争取经济、科技的制高点为战略重心，以建立一大批具有较强国际经营能力的龙头企业为目标，以一大批战略性新兴产业集群为核心，这样就可以在国际上与先进国家竞争中立于不败之地。

12.阶段性

战略性新兴产业的发展并非一成不变，而是伴随着经济和社会的发展而产生、发展与消亡。换言之，战略性新兴产业也有其自身的发展过程，它会随着社会经济、技术及发展方式的变化而变化，从而持续地演化并提升。任何战略性新兴产业都仅仅是某一阶段的产品，随着一个国家或地区科学技术的不断进步和经济社会的持续发展，其战略性新兴产业的内容及重点也会发生相应的调整。

（二）战略性新兴产业的严格特征和宽泛特征

战略性新兴产业的主要特征有严格特征和宽泛特征之分。严格特征是从产品的革命性本质来定义的，宽泛特征是从一切具有先进性的方法、技术、管理模式来定义的。

1. 战略性新兴产业的严格特征

最理想的战略性新兴产业是从产品的革命性本质来定义的。战略性新兴产业的严格特征，是指这些产业是在具有革命性、原创性、颠覆性的新的发明和创造产生并形成新产业之后，彻底地覆盖、替代和剔除了原来的同类产业。这里特别强调的是"发明和创造"。发明和创造，从来没有像今天这样为世界各国所广泛关注与重视。随着知识产权对当今世界科技发展的作用日益突出，知识产权也逐渐成为人类赖以生存和发展的基础。世界各国已经意识到，在今后的世界范围内，各国之间的竞争本质上就是经济的竞争，而经济的竞争又是科技的竞争，科技的竞争最终又是知识产权的竞争。在最近几年里，知识产权已经不仅仅是一个科技问题，而是一个经济问题，甚至是一个重要的政治问题和国际问题，它所引起的专利"战争"和专利战略问题，都被打上了一个大大的标签，那就是它可以提高一个国家的竞争力，助力一个国家的崛起。专利是一种智力劳动成果所带来的无形财产和专有权利。知识产权制度是一种技术创新活动，是从发明创造的构思，到研究、开发、实现产业化、走向市场，起到激励、信息传播和市场保护作用的制度。

2. 战略性新兴产业的宽泛特征

宽泛特征就是把那些阶段性发展突出的、具有领先性质的产业也列入进来，而不是过于单纯地严格定义，避免因限制过多导致一些产业不能成为战略性新兴产业，进而对经济社会发展带来不利。

（三）战略性新兴产业的现代化特征

战略性新兴产业的外部特征还体现在知识技术密集、人才密集、信息密集、物质资源消耗少、成长潜力大、综合效益好等方面。战略性新兴产业是我国经济转型升级的一项重大举措。战略性新兴产业是一种与传统产业相比较的革命性产业，其发展模式也与传统产业有所不同。从现代产业发展的前沿方向来看，其具有如下几个现代化特征。

1.核心技术创新驱动

核心技术是指以科学理论为依据，确定了技术路线后，可以支持产品实现的关键技术和工艺。核心技术不仅为企业提供了一个平台，也为其提供了一个重要的支撑。而产品平台则是将大量的核心技术整合在一起，从而使其最终的价值得以实现。战略性新兴产业的发展，既需要在关键核心技术上取得重大突破，又需要在核心技术上进行深度应用与产业化。从理论上讲，战略性新兴产业应该是处于高新技术产业的顶端或前沿，具有知识密集、技术密集和资本密集的特点，并且在生产核心技术上有革命性的突破。从历史上看，我们国家的"两弹一星"、载人航天和杂交水稻等重大工程的成功，都离不开核心技术的自主创新。战略性新兴产业的发展，离不开自身的核心技术，同样也离不开其自身的产业技术体系。从战略的角度来看，我们必须掌握自己的核心技术，并使其成为自己的技术优势，以保障我国的经济安全和国家安全。

2.技术创新集成化

技术创新集成包括全球技术创新集成、技术联盟创新集成和企业商业模式创新集成三个方面。战略性新兴产业不同于传统产业的简单技术合作，它更多的是向产业技术的战略联盟方向发展，通过跨产业、跨行业、跨企业之间的高密度合作，共同努力来攻克关键核心技术的壁垒，甚至在一个产品的一个元器件上，都有可能集中十几个甚至几十个专利，从而形成"专利蓄水池"，满足产品超高技术的需求。例如，近几年来，许多国家的大型跨国企业设立了地区总部，并与许多大学、研究机构、企业结成技术同盟，以促进新一代信息科技、新能源、新材料、生物工程等的发展。例如，许多国家对太阳能发电、新能源汽车等技术开展研发及推广，进行了一系列的技术创新，这些技术成果，可以在不同国家之间形成一种优势互补的技术创新体系。战略性新兴产业是以实现资源的高效整合为目标。战略性新兴产业的资源集成与传统产业中的物品的整合不同，它更多的是以信息集成为特点的技术集成和功能集成。这样的集成可以让产业的发展方式变得更加合理化和最优化，从而可以提升对外部变化的动态响应速度，以达到整体目标的最优实现。这不仅注重对人、财、物、信息、知识等各种资源中的单一元素的最优利用，还需要采取一定的协调方式，构建出一个合理的系统模型，将各元素的表现反馈给系统，并以系统的总体目标来对其进行度量，同时还需要按照不同的任务来实现各种元素的集成化应用。

3.生产制造智能化

伴随着信息技术的不断发展，战略性新兴产业的生产方式也发生了革命性的改变。在这些改变之中，最重要的一个标志就是，数字技术让生产制造变得更加智能化。利用信息采集、传输、处理、执行能力的生产，它主要解决的是人的大脑的延伸问题，这是一场人类智力劳动的革命，它可以大幅度地节约人力、物力、财力等成本，让生产力得到了又一次的大解放、大发展。传统产业所能达到的最高水平是当前的初级信息基础之上的自动化，而基于战略性新兴产业的智能化的生产将构成社会的信息化。

智能制造体系在高端制造业中的应用，也是战略性新兴产业的一大特征。这是一种由智能机器和人工专家构成的人机一体化智能系统，在生产制造过程中，可以以极高的灵活性和极低的成本，模仿人的智能进行收集、归纳、分析、推理、判断、决策等工作。因此，可以延长人在生产制造过程中的一部分智力劳动，并对人的智能进行存储、完善、共享、集成和发展。智能制造拥有自组织能力、自律能力、自学习能力和自维护能力，在整个制造环境中，其智能还能够继承，持续推动智能化生产。

4.能源发展绿色化

新能源产业的发展，必将成为我国战略性新兴产业和全球可持续发展的新领头羊。在经济全球化发展的背景下，我国的战略性新兴产业成为经济发展的重要引擎，经济发展的含金量和含绿量显著提升。其中，能源发展绿色化的规模持续壮大，可再生能源产业发展迅速。据统计，我国风电、光伏发电等清洁能源设备的生产规模居世界第一，多晶硅、硅片、电池和组件占全球产量的70%以上；节能环保产业质量效益持续提升，形成了覆盖节能、节水、环保、可再生能源等各领域的绿色技术装备制造体系，绿色技术装备和产品供给能力显著增强，绿色装备制造成本持续下降，能源设备、节水设备、污染治理、环境监测等多个领域技术已达到国际先进水平；综合能源服务、合同能源管理、合同节水管理、环境污染第三方治理、碳排放管理综合服务等新业态新模式不断发展壮大，2021年节能环保产业产值超过8万亿元；各地方积极探索生态产品价值实现方式路径，都市现代农业、休闲农业、生态旅游、森林康养、精品民宿、田园综合体等生态产业新模式快速发展。

5.资源利用循环化

传统产业模式下的资源利用效率较低，生产产品时总是会产生不少数量的废品，而资源的高消耗不利于经济的可持续发展和生态环境的保护。战略性新兴产业的生产，将传统的"资源—产品—废品"的简单直线生产方式，转变为"资源—产品—再生资源"的循环经济模式。该模式涉及研发、制造、物流、营销、可再生资源回收等产业的整个过程，资源的再利用、废料的资源化和废品的再制造，都是主要的生产环节。

利用生物工程技术发展战略性新兴产业，是实现资源循环利用的重要途径。随着生物技术的发展，它将会成为每一个行业实现长期运营的重要助力，其自身也会实现快速增长，并且衍生出更多的新兴产业。生物工程技术从根本上改变了传统产业的生产模式，大大提升了各个行业的生产效率，将经济增长与环境保护结合在一起，实现了产业发展与环境友好的和谐共存。

二、战略性新兴产业的发展规律

18世纪中期到末期，蒸汽机和纺织机的出现，以及蒸汽机的普及，标志着第一次工业革命的开始。煤炭开采、冶金、运输等工业领域都出现了蒸汽机的身影。

19世纪中后期，电力的发明和广泛应用开启了第二次工业革命，随后，电灯、电车、电影放映机相继问世，人类进入了"电气时代"。电力的生产、输送和利用，正是这个时期的战略性新兴行业。

20世纪四五十年代开始，以原子能技术、电子计算机技术、空间技术和生物工程技术的发明与应用为标志，涉及信息技术、新能源技术、新材料技术等诸多领域的技术革命被称为第三次工业革命或第三次科技革命。这次革命不仅极大地推动了人类社会经济、政治、文化领域的变革，而且也影响了人类生活方式和思维方式。信息产业便是这一时期的战略性新兴产业。

英国是第一次科技革命的先行者，德国是第二次科技革命的先行者，美国是第三次科技革命的先行者。历史表明，哪个国家能够把握住科技革命的机会，找到并扶持、引导代表新技术的战略性新兴产业，那么这个国家就能在激烈的竞争中把握先机，实现经济的飞跃发展。

经总结，战略性新兴产业的发展往往会呈现以下几点规律。[①]

（一）以全球分工为发展背景

经济全球化是现代社会经济发展的主要趋势，随着科技的发展和各国交流的频繁，全球分工已经在世界范围形成了支撑产业发展的态势。同时，经济全球化也促进全球产业分工体系不断发展优化，分工层次日益深化。作为创新属性强、合作程度高的战略性新兴产业，其分工逐步从某一类型产品的分工，向产业链、价值链等不同层面拓展，世界各国都参与全球战略性新兴产业链和价值链体系，企业内与企业间的价值链逐步形成全球价值链，以及面向全球的产业价值链，包括研发设计、生产制造、销售服务与品牌建设等环节在内的全球分工体系加快形成。

（二）以科技革命为根本动力

在20世纪六七十年代，经济学家克鲁格曼（Krugman）将"技术创新"引入贸易理论模型。他认为，发达国家必须持续地进行技术创新，否则将会导致全球经济的失衡，而技术创新又会导致主导产业在全球范围内随着科技革命的兴衰而演变。可见，科技革命决定了新兴产业或战略产业的发展和演变。

从科技发展的历史来看，每次的科技革命都会引发一场生产方式上的巨大变革，这场变革也就是工业革命。新技术的应用，使得企业的生产效率和市场份额都得到了持续提升，所以，新兴产业会逐渐演化成主导产业，并通过关联效应，将新技术扩散到整个产业系统，从而导致产业技术体系的变化，使得产业结构实现升级。因此，科技革命不但带来了思想解放，也带来了生产力的解放；工业革命产生的不仅仅是新兴产业，也是战略性工业或主要工业的升级。战略性新兴产业的加速发展，必然要求和引导科技人力资源能够持续优化，并与之协调发展。

---

① 申海燕，李东，刘义成. 战略性新兴产业的内涵特征与发展演进规律[EB/OL].（2023-06-20）[2024-02-01].https://www.ciecc.com.cn/art/2023/6/21/art_2218_90274.html.

（三）以产业融合为发展方向

产业融合是新一轮科技革命和产业变革的重要特征，也是战略性新兴产业发展形成新动能、新业态、新模式的重要途径。未来一段时期，全球产业链和价值链的融合趋势将持续深化，融合广度、深度不断拓展。一是战略性新兴产业内部融合日趋深化，产业链不断向下游应用延伸，推动上下游产业纵向融合。二是战略性新兴产业之间的融合推动交叉创新，如信息技术、生物技术、新能源技术、新材料技术等交叉融合，推动产业从单点技术和单一产品创新向多技术、多产业融合互动的系统化、集成化创新转变。三是战略性新兴产业与传统产业不断融合发展，如数字经济加速与传统制造业、服务业融合，推动产业链、价值链、创新链加快分化重组，技术范式、生产方式、价值形态、组织模式等发生深刻变革。

（四）以产业集群为发展形态

融合化、集群化是战略性新兴产业发展的新模式。党的二十大报告明确提出，推动战略性新兴产业融合集群发展。当前，培育发展战略性新兴产业集群已经成为打造经济发展新引擎、促进产业转型升级、推动经济高质量发展的重要途径。相比于传统产业集群，战略性新兴产业集群往往表现出要素集聚度高、创新能力强、主体互动性高、知识溢出效应强、成长潜力大等发展形态，由此也展示出更为强劲的创新驱动力、自我升级强化的内生驱动力，以及经济带动能力。

（五）以产业配套为重要保障

战略性新兴产业在发展初期的基础较为薄弱，产业配套相对不足。从当前情况来看，全球产业链供应链多元化、分散化、区域化趋势明显，各国更加关注产业链的安全稳定和韧性发展，以及保障关键领域供应安全和产业链配套。发展和布局战略性新兴产业，就要完善产业链条和产业配套，健全战略性新兴产业生态系统，围绕龙头或优势企业的产业链延伸发展途径，积极培育配套企业，共同促进产业链条完善；同时要根据产业创新发展的趋势、方向、规律，加强产业链、创新链布局整体谋划，加快引入一批产业链的关键配套企业。

（六）以政府引导为战略引领

政府是制度构建者、政策供给者、方向引领者和监督管理者，提供战略引领、政策支持、资源保障和主体培育，战略性新兴产业更加需要政府的引导支持和支撑保障。在产业成长初期，要根据本国资源禀赋特点，选择适宜技术和适当产业进行布局发展，强化政策供给，支持基础研发，化解金融风险，避免其他国家的技术压制。在产业发展中期，要重视提高技术转化率，优化融资水平和模式、知识产权保护、基础设施配套、行业标准制定等环境体系，促进有效竞争。在产业成熟期，要加强新兴技术和产品产业升级，规范市场秩序，避免市场垄断。此外，政府还应积极推动高水平对外开放，引导战略性新兴产业攀升高端市场，实现国内国际双循环相互促进。

第二节　我国战略性新兴产业的发展现状

一、要素集聚效应明显

战略性新兴产业涉及多个领域，具有复杂多样、技术密集等特点，需要根据产业特点、发展阶段、发展基础和地区禀赋，因地制宜地规划产业集群的发展路径。

产业集群是一种高级的产业组织形式，可以促进产业链、创新链、价值链和生态链的有机结合。培育和形成具有特色的新兴产业集群是我国战略性新兴产业实现高质量发展迫切需要解决的问题。

多地发布的政府工作报告显示，各地都根据自身的发展特色，将优势产业集中起来，进行融合发展，有利于形成新的增长极。

珠三角、长三角、环渤海，以及中西部的一些省份，都将以信息产业为基础，发展集成电路和人工智能等产业集群。2024年，广东将在集成电路、新能源、新材料、超高清视频显示、生物制造、商业航天等新兴产业，加快粤芯三期、华润微、广州增芯、方正微等芯片项目的建设。2024年，浙江将继续推进国家数字经济创新发展综合试验区建设，把集成电路、人工智能和高端软件等产业做大做强，大力推进产业"智改数转"。

长三角和环渤海地区的生物产业得到了迅速的发展。2024年，河北将在集成电路、网络安全、生物制药、电力设备、应急安全设备等方面进行重点发展。天津要为2024年的经济开发区"添秤"，武清区要高标准打造"京津工业园"，加快轨道交通、智能装备、生物医药、大数据应用等产业链上下游企业的集聚，北辰区依托"京津医药谷"和"智能制造谷"等特色园区，加快高端装备、智能制造、医药等产业的发展。

在高端装备制造业方面，环渤海、长三角等区域也出现了较大的增长。辽宁将在2024年建成4个万亿元级产业基地和22个重点产业集群，其中包括先进装备制造业、石化与精细化工、冶金新材料、高端特色消费品等。针对制造业门类齐全、产业链较为完备，在产业链、价值链、创新链整体上仍处于中低端，龙头企业不多，部分核心技术仍然"受制于人"的现状，江苏围绕"更深层次融合、更突出集群、更高水平"的发展目标，在2024年将继续打造"51010"战略性新兴产业集群。

在北京、上海、江苏等地，根据各自的产业发展状况，在新能源汽车方面进行了布局。2024年，北京提出了加快新能源汽车产业发展的目标，积极布局关键零部件产业链，如电机、电池、电子控制、车规级芯片等。上海提出了培育新能源汽车、高端装备、先进材料、民用航空等高端产业集群的目标。江苏提出了支持高附加值绿色低碳产品的"新三样"（载人电动汽车、锂离子电池、太阳能电池）和液化天然气动力船舶等产品的生产和出口。

二、从量的积累迈向质的飞跃

在党的二十大报告中，明确提出要推动战略性新兴产业融合集群发展，构建新一代信息技术、人工智能、生物技术、新能源、新材料、高端装备、绿色环保等一批新的增长引擎。这为战略性新兴产业的未来发展方向提出了明确要求和重要指引。

2022年，我国战略性新兴产业增加值占GDP的比重超过13%，"十四五"规划和2035年远景目标纲要提出目标比重超过17%。战略性新兴产业持续快速增长，成为经济增长的强劲引擎。

习近平总书记在2023年9月首次提出了"新质生产力"这一概念。新质生产力所涉领域技术含量高，是生产力跃迁的表现。新质生产力以战略性新兴产业和未来产业为主，新型工业化是新质生产力发展的主要途径。"新质生产力"这一概念的提出，标志着人们对新兴产业发展规律的再认识。

在过去的十几年里，战略性新兴产业得到了迅猛的发展，战略性新兴产业的规模也越来越大。到2023年9月，战略性新兴产业的数量已经超过两百万家。其中，生物工业占25%，相关服务业占19%，新一代信息技术产业占17%。

"新三样"出口在2023年实现了快速增长。自2023年以来，以载人电动汽车、锂离子电池和太阳能电池为代表的"新三样"产品发展迅猛，前三个季度累计出口额同比增长41.7%。"新三样"的出现，反映了国家产业政策的成功，标志着我国经济转型升级的逐步深入。

新能源汽车产销表现抢眼。中国的新能源汽车产量在2023年7月3日超过两千万台。同年11月，我国新能源汽车产销首次突破百万台大关，共生产107.4万台，同比增幅为39.2%，销售102.6万台，同比增幅为30%，市场份额达到34.5%。这标志着中国的新能源汽车已经走上了产业化和市场化的道路，进入了规模化和国际化的高质量发展阶段。

机器人产业整体发展水平稳步提高。国际机器人联盟（International Union of Robot）发布的《2023世界机器人报告》指出，中国机器人安装数量增长5%，至2022年达到290258台，占全球安装总数的52%，累计装机量超过150万部。为服务中国这一世界最大的市场，国内外的机器人厂商都开始在中国设立制造工厂，并不断扩大产能。虽然投资于工业机器人可能会花费更多，但是长期来看，人力成本将会降低，同时也会因为更少的废料和更高的生产率而节约成本。同时，机器人在不需要大规模改造设备的情况下，可通过重新编程、重新配置等方式迅速适应不同的生产要求，提高了生产柔性。

新材料产业迅速发展壮大。中国新材料产业在2023年的前9个月实现了两位数的增长，产值突破5万亿元人民币。新材料产业正逐步向高端化、智能化和绿色化方向发展。根据有关部门的预测，到2025年，这个行业的规模将会超过11万亿元。

竞争靠的是技术，拼的是"链"接。就大飞机来说，包括航材、航电、航发、制造、设计、营销、售后等在内的万亿元级大飞机产业链已经蓄势待发。5G、大数据、云计算、人工智能等新技术、新成果，也对我国航空制造业的发展起到了巨大的推动作用。

从一系列数据可以看出，战略性新兴产业已经成为推动中国产业结构转型升级的主要源泉，也是推动经济向高质量发展的重要动力。产业恢复力与辐射带动效应持续增强。

2023年，数字经济的稳周期特征更加明显，在数字技术和数据要素的双重驱动下，产业的韧性和辐射带动能力不断增强。

作为一种潮流购物平台，得物App借助云计算、人工智能、大数据等新兴科技，建立了数字化鉴别系统，并借助3D、增强现实、人工智能等科技手段，对服务功能进行创新，以"数字化创新"与"年轻潮流"保障用户日益提升的品质消费需求，实现了从无到有的探索。

目前，在众多不确定因素之中，数字与智能是确定无疑的，并且正在彻底改变各个产业。虽然并不是所有的企业都需要进行转型，但所有的企业都要完成升级转换是必然的。

早在2016年G20峰会时，世界各国就意识到数字经济将成为推动世界经济长期增长的重要动力，并通过了《G20数字经济发展与合作倡议》。习近平主席于2023年11月在第三十届亚太经合组织领导人非正式会议上发表演讲，强调要加快数字化转型，弥合数字鸿沟，支持新兴技术的应用，如大数据、云计算、人工智能、量子计算等，不断塑造亚太地区的新动能和新优势，这是一项艰巨的任务。

随着产业数字化进程的不断深入，新业态新模式如平台经济、工业互联网、智能制造等纷纷涌现，成为数字经济的重要组成部分。

三、人工智能产业蓬勃发展

业界普遍认为，2023年是人工智能技术取得突破性进展的一年。OpenAI开启了人工智能的新浪潮，2023年，由大模型带动的人工智能产业"一路狂奔"，成为人工智能的"领头羊"。

大模型的应用拓展涉及五个关键要素：用户接受度、对应用场景需求的深刻理解、高质量的行业场景数据、对大模型能力边界的准确把握和成熟的产品设计与技术集成能力。在2023年，我国的人工智能产业迎来一片欣欣向荣的景象，政府的政策起到了很大的促进作用，对人工智能产业的发展起到了积极推动创新的引导作用，同时也起到了对风险规避的监管作用，对保障我国人工智能产业的健康、可持续发展是极为有利的。

根据工信部赛迪研究院的统计，2023年，生成式人工智能的企业使用率达到15%，市场规模达到14.4万亿元左右，生成型人工智能技术在制造、零售、电信、医疗卫生等四个行业中的采用率都有了很大提高。专家预计，2035年，生成式人工智能对世界经济的贡献将接近90万亿元，其中我国占40%以上，有望突破30万亿元。

2023年，人工智能相关的政策导向精准发力。为推动生成式人工智能的健康发展与规范化应用，国家互联网信息办公室、国家发展和改革委员会等七部门联合发布了《生成式人工智能服务管理暂行办法》，对生成式人工智能进行了规范管理。《"数据要素×"三年行动计划（2024—2026年）（征求意见稿）》明确提出，要推动我国交通运输领域优质数据集建设与复用，支持开展人工智能大模型开发和训练，加强人工智能工具应用。此外，一些地方的政策也出现了错位发展的态势，比如北京着力提升人工智能的核心硬件和软件，上海鼓励民营资本在人工智能领域的投资，深圳强调人工智能对各行各业的赋能，等等。

大数据与人工智能已成为推动我国产业转型升级与创新发展的重要途径。目前，国家对数据、人工智能的重视程度越来越高，这不仅是因为看到了数据要素和算法的重要作用，更是为了利用大数据和人工智能技术，推动我国经济的高质量发展。

新型工业化时代的特点是"数智赋能"。在新一轮科技革命与产业变革深入发展的背景下，以数据为新生产要素进入生产函数，对人工智能的"大模型"产生了深远的影响。国家要抓住数字经济、产业信息化等发展机遇，加速推进新一代电子信息、人工智能等数字技术、智能技术的应用和与经济社会的深度融合，推动经济和社会的数字化转型和智能化发展。

四、以科技创新引领现代化产业体系建设

战略性新兴产业的发展是一个系统工程，必须着眼长远和全局，突出先导性和支柱性作用。

在2023年12月召开的中央经济工作会议上，对未来经济发展提出了明确的指导方针，并对科技创新提出了更高的要求。会议指出，要把重点放在推进新型工业化、数字经济和人工智能的发展上。发展一批战略性新兴产业，如生物制造、商业航天、低空经济等，开辟量子、生命科学等未来产业的新领域，大力推广数字化和绿色技术，加速传统产业的转型升级。

目前，有关部门纷纷部署了相关的重点工作，以加速新兴产业的培育。国家发展改革委表示，要加快新旧动能转换，深入实施国家战略性新兴产业集群发展工程，对未来产业进行培育，促进传统产业的转型升级，大力发展数字经济，用科技创新来推动现代化产业体系的建设。工业和信息化部表示，将在全国范围内开展智能网联汽车准入及道路通行试点，推动北斗大规模应用及卫星互联网的发展，做大做强新能源、新材料、高端装备、生物医药和高端医疗设备、安全应急装备等。

今后，科技创新要放在更加突出的地位。2024年，新兴产业将继续引领整个产业体系的现代化升级。随着信息技术、数字技术、智能技术和绿色低碳技术的突破与应用，带动了经济和社会的变革与发展。创新链与产业链的深度融合与提高，产业集群与产业生态的建设得到了更多的关注，新兴产业的国际化发展能力持续增强。

未来，企业会更多地关注应用的落地。2024年，新兴产业的发展动力将会更强。一方面，我国的产业转型升级仍将持续下去；另一方面，宏观经济与政策方面加大了对新兴产业的支持力度，表现为利率下降、通货膨胀下降、要素价格下降。目前，我国新兴产业的激励机制体系已经基本理顺，未来新兴产业与优化营商环境将形成良性循环，推动新兴产业成为中国经济的新支柱产业。[①]

[①] 杜壮.从业界新变化看战略新兴产业的2023年[EB/OL].（2024-01-16）[2024-02-01]. http://www.ndrc.gov.cn/wsdwhfz/202401/t20240116_1363298_ext.html.

第三节 我国战略性新兴产业发展中值得关注的问题

随着《国务院关于加快培育和发展战略性新兴产业的决定》的出台，特别是党的十八大以来，战略性新兴产业的发展取得了积极的进展。在"十四五"时期和更长的时间里，我国经济将会进入一个新的发展阶段。在这个阶段，我们的发展环境将发生深刻的变化，战略性新兴产业在建设现代化经济体系、推动经济高质量发展中所起到的动力引擎作用将会更加突出，因此，需要对许多机遇与挑战进行全面的分析，尽早地制定相应的对策，为战略性新兴产业的高质量发展打下坚实的基础。

一、战略性新兴产业发展中需要注意的问题

（一）需要加强产业自主创新的基础能力

未来，战略性新兴产业将从模仿创新转向以自主创新为主导，但仍存在一系列的软、硬件环境制约着自主创新基础能力的提升，很难更好地支撑以自主创新为主导的产业发展模式的形成。一是基础研究投入不足，科研基础设施建设不足，成果转化效率低。基础研究是科技创新的源泉，基础研究的积累往往能带来重大的科学发现与技术创新。2019年，我国基础研究经费投入达到1335.6亿元，占研发投入的比例为6.03%。虽然经费投入的规模和占比在不断提高，但其所占的比例还远远低于发达国家的15%。二是创新公共服务平台的基础支撑能力需要进一步提高。尽管近几年各地对创新公共服务平台的建设给予了更多的关注，也取得了一些成绩，但仍存在着高层次的服务平台不多、服务能力不强的问题。三是新的基础设施供给需要进一步优化，新一代信息技术正以更快的速度融入实体

经济中，随着5G、人工智能、物联网、工业互联网等新型基础设施建设的不断推进，政府今后需要加大对这一类公共领域的投资力度，持续释放新兴需求。

（二）需破解产业链、供应链安全保障的难题

全球政治经济格局加速重构，全球产业合作格局与分工体系全面调整，关键环节国际竞争壁垒加剧，关键核心技术与"卡脖子"问题日益凸显，严重威胁我国战略性新兴产业产业链与供应链的安全与稳定。因此，有必要进一步整合优势资源，加快关键领域的一批关键核心技术的突破，促进我国新兴产业产业链关键环节、关键领域和关键产品的安全保障能力的提升。

（三）产业集群发展的基础仍然比较薄弱

经过十几年的发展，很多地区已经形成了具有代表性的战略性新兴产业集群，但在建设产业集群过程中，仍然存在着一系列的突出问题，高质量集群发展的基础还比较薄弱。一是在一些地区，产业集群的发展空间受到限制。"十三五"期间，深圳市工业用地总量仅为270平方公里，工业用地规模在全国主要工业城市中处于较低水平，严重制约了当地战略性新兴产业生产规模的扩大，同时也影响了重大战略性新兴产业项目的引进和落地。二是具有先导意义的重大项目储备较少，没有形成集群互补的发展态势。一方面，龙头企业缺乏对上下游企业的整合能力和引领带动作用，还没有形成一个完整的产业链条，造成了各个企业之间的分工与协作不足，产业组织能力不强。另一方面，中小型企业往往规模偏小，产品多以中低端为主，科技含量高、附加值高、有竞争力的产品比较少。

（四）高端人才结构性短缺

创新发展是战略性新兴产业发展的核心问题，而创新发展的基础是人才。目前，我国战略性新兴产业人才结构性短缺问题较为突出。在人才引进方面，一是没有建立起全球性的人才吸纳机制，现有的科研和产业化就业机会向国外人才开放不足；二是海外人才回国的便利度不够，在入境、居留、医疗和教育等方面仍然存在不足。在人才培养方面，一是现行的教育和培训体系更新滞后于产业发展，需要构建符合产业发展要求的人才培养体系；二是缺乏对复合型人才的培

养，如当前数字创意产业普遍面临着既懂创意又懂数字技术的复合型人才短缺问题，已逐渐成为该产业发展的瓶颈；三是缺乏培养宏观决策专家的环境，缺乏独立工作机制和意见采纳机制。

（五）国际化发展能力有待增强

我国战略性新兴产业在国际市场中仍属于"新兵"，发展经验不足，自身能力欠缺，公共服务能力亟待提升。一是缺乏对国际市场进入技术壁垒及政治因素的准备。由于我国战略性新兴产业的研发与生产大多以本国需求为基础，参与国际标准制定的企业更是少之又少，这就造成了企业产品和服务难以达到国际标准认证，经常遭遇国际技术壁垒。二是缺乏应对国际知识产权保护与竞争的能力。战略性新兴产业企业知识产权运营机制不够完善，核心专利积累不足，尤其是国际专利布局不够完善，企业在国际化进程中面临知识产权诉讼风险。三是公共服务的国际化不足。一方面，战略性新兴产业企业海外经营环境与国内不同，缺乏对国外法律、税收和财务等制度环境的熟悉，已成为其拓展海外市场的障碍。另一方面，一些战略性新兴产业的发展由于受到政治和政策风险的影响，发展较为缓慢。

二、推动战略性新兴产业高质量发展的对策建议

（一）夯实企业创新基础，提高产业核心竞争力

一是要加大基础研究力度，鼓励"从0到1"的原始创新，加大政府对基础研究的投入力度，鼓励社会力量加大对基础和应用研究的投资力度。二是要加快创新平台的建设，加强公共创新体系的建设，推动一批国家级技术创新中心、产业和制造业创新中心的建设。三是加快公共服务平台建设，围绕重点领域和产业发展需求，加快建设一批具有较高专业水准、较强服务能力、较强产业支撑能力的产业公共服务平台，提升可靠性试验验证、计量检测、标准制修订、认证认可等服务能力。四是加强新型基础设施建设，围绕人工智能、集成电路、工业互联网、物联网、5G移动通信等领域布局一批新型基础设施，增强创新发展的动力支撑能力。

（二）聚焦关键环节，提高产业链、供应链的安全性保障能力

一是要加快关键核心技术的突破。重点攻克集成电路、操作系统等关键基础技术，推进"迭代"工程，加快自主创新产品的推广应用，超前布局未来前沿技术与颠覆性技术。二是要积极挖掘创新型龙头企业的潜能。加大对创新型、引领型新兴产业的支持与引导力度，鼓励企业加大研发投入，支持具备条件的企业开展基础研究与关键核心技术攻关。三是鼓励实行"公布关键技术项目公示制度"，加速科技成果转化。聚焦重大领域核心技术及产业发展迫切需要的科技成果，重点解决重点行业成果转化问题，优先支持公益性、行业性共性技术及成果转化。

（三）优化产业集群结构，建立梯次发展机制

一是鼓励各地方根据当地实际情况，研究制订产业集群建设方案，突出区域特点，明确发展目标，确定重点任务和推进措施，对省市级专项资金的实施细则进行修订，以有限的财力，对一批重大工程进行滚动支持，促进产业集群的发展。二是促进产业集聚发展。引导各省市区培育和储备一批基础较好、发展前景较好的产业集群，并与国家战略性新兴产业集群发展工程相配套，建立新兴产业集群的梯次发展体系，形成分工明确、互相联系的产业集群发展模式。三是鼓励建立产业联盟，着力建立政府主导，龙头企业带动，以市场为导向的产业集群发展模式。继续加快培育一批行业标杆企业，选出一批具有显著比较优势的企业，以技术创新、规模扩张、并购重组等方式，将其打造成具有国际竞争力、引领产业发展的标杆企业。

（四）加速引进和培养，加强对创新人才的支持

一是要构建符合新时代战略性新兴产业发展的人才支持体系。要着眼于我国战略性新兴产业的重点发展领域和行业，对人才政策体系进行全面的改革，使人才结构持续优化，规模不断扩大，质量不断提高。二是要加大对战略性新兴产业领域创新型人才的选拔和培养力度。积极开展战略性新兴产业经营管理人才遴选工作，保证高层次人才队伍建设持续取得新成效。培养高素质的工匠人才，积极

创建高技能人才培养基地，开展职业技能提升行动，培养一批具有高端知识、技能和创新能力的工匠型人才。三是积极吸引具有创新精神的海外人才。实施更开放、更便捷的引进、入境管理体制，建立与国际标准相适应的高层次人才聘用、薪酬、评估、科研经费及管理体系，切实解决各类人才的实际生活问题，为他们提供更加人性化的教育、医疗、居住等公共服务。四是推动落实精准人才引进机制。实施紧缺人才名录制度，定向引进"高精尖缺"创新人才及团队，提高人才引进的精准性和产业匹配度。

（五）加大对外开放力度，构筑国际化合作共赢局面

一是逐步开放。我们要顺应世界贸易格局的新发展态势，以我国目前的战略性新兴产业为基础，加速推进新兴产业的开放。加强国际创新合作，积极融入世界创新体系，探索创新成果共享机制，打破国际市场对新技术应用的壁垒。二是积极拓展国际市场。我们要进一步推进"一带一路"建设，抓住《区域全面经济伙伴关系协定》地区一体化、中欧全面投资协定签署的机遇，同更多国家，包括欧盟和东南亚，建立长期互利的合作关系。三是积极参与相关国际标准的制定。鼓励企业、高校和科研机构参加战略性新兴产业及细分领域的国际标准制定工作，增强在国际市场上的话语权，引领新兴产业的发展。加快推动优势产业标准化进程，在产业标准领域保持领先地位。

第三章 我国战略性新兴产业发展模式的多维探索

第一节 产业集群式发展模式

产业集群（Industrial Cluster）指的是在特定的区域内，存在着竞争与合作的关系，并且在地理上集中，存在着相互关联的企业、专业化供应商、服务供应商、金融机构、相关产业的厂商及其他相关机构等构成的群体。产业集群跨越了传统的产业范畴，在一定地域范围内，形成了多个产业相互融合、多种类型机构相互关联的共生体系，从而形成具有该地域特征的竞争优势。产业集群作为一种相对较高层次的产业发展形态，可以通过技术优势来改变生产函数，从而对经济发展、产业结构演化起到有力的推动和带动作用。产业集群是当今世界经济发展的新亮点，它不仅可以成为区域经济发展的主导，也是提高一国或某一地区产业国际竞争力的新力量。

亚当·斯密（Adam Smith）的分工理论认为，分工有着各种各样的功能和作用。但是，他特别强调，分工是提高劳动生产率、增加国民财富的重要手段，是促使一个国家或民族变得富有和文明的重要动力，也是价值和剩余价值的来源。企业间的分工，也就是企业之间的劳动和生产的专业化，正是这种分工方式，才导致了企业集群和产业集群的产生，也正是由于这样的分工，产业集群才会拥有单一企业或者整个市场所不具备的效率优势，产业集群在保证了分工与专业化效率的同时，还可以进一步深化分工与专业化，进而推动产业集群的发展。

熊彼特（Schumpeter）的技术创新理论认为，在不同行业中，由于技术创新和传播，会导致大量的企业在不同行业中以不同的方式聚集在一起，从而形成不同行业的集群。第一次创新是非常困难的，但是，一旦打破了这个门槛，就会给后来的人带来灵感，包括理念、知识、自信和行动。创新也是一个学习的过程，第一次创新所得到的失败教训或成功经验，都会为后来者提供帮助，从而更快地实现创新的成功，并快速地获得超过社会平均利润的能力。

基于上述两个方面的经验认知，企业更易获得创新，客观上会促成企业争先恐后地创新，从而形成了企业技术创新集群现象。一个企业或某种产品的第一次创新成功，必然会提高第二次创新的概率。例如，在计算机出现之后，出现了许多次的产品革新和换代，这都有集群的一份功劳。

近年来，随着经济全球化的发展，产业集群已经成为一种值得关注的区域经济发展模式，也是一种产业发展的重要组织形式，它已经越来越多地受到了相关国际组织和许多国家以及地方政府的关注。

在战略性新兴产业中，以中小企业为例，要想降低发展成本，实现发展资源共享，形成规模效应，集群发展模式看起来是一种比较有利的发展方式。在产业集群发展中，一般会选择建立高新技术园区、高新技术企业孵化器，但是这种方式的人为介入的特征较强，具有一定的局限性。波特（Porter）的"钻石模型"指出，一国某一产业的竞争力取决于资源要素、需求条件、辅助行业（是否存在相关产业和支持产业）、企业战略（支配企业创建、组织和管理的条件）这四大因素。此外，在四大要素之外还存在两大变数：政府与机遇。为此，遵循产业发展规律，寻求发展机会，在适当条件下，跨区域建立战略性新兴产业集群更符合发展规律，也更能够体现战略性新兴产业发展潜力大具有广泛市场前景的本质特征。

在战略性新兴产业刚刚起步的时候，往往会出现大量的企业进入和退出。因此，通过集群发展，可以削弱行业不稳定对企业造成的冲击，也可以发挥出企业的潜在优势，从而形成集群效应，同时还可以充分利用企业的基础设施，实现企业的信息共享，提高企业的创新能力。此外，集群还会对新创企业的进入、成长起到积极作用。一方面，创新氛围好，竞争激烈，本地支持系统健全，为新创企业的引入提供了竞争优势；另一方面，地域集中及较好的外部环境，既能促进新创企业的产生，又能促进已有企业的成长与规模扩大。一旦形成了一个产业集群，不但吸引到的企业会在当地扎根，也会有许多新的企业在当地繁衍壮大。由于在集群内部已经形成了一个较为完备的产业链系统，企业能够在集群内部"落地生根"，更快地成为为产业链带来利益的一方。只有当产业链整体发生了变化时，企业才会考虑向外迁移。

战略性新兴产业是一个国家经济发展的重要组成部分。从一个国家的层面来看，我国已经开始制订战略性新兴产业的发展计划，并将其列入"十四五"期间的优先发展目标；在区域层面上，各地政府纷纷出台了鼓励、扶持和优惠政策，在按照国家规划的框架下，寻找适合当地发展的战略性新兴产业，争取获得先机。产业集群的操作主要包括对工业园区和科技园区进行构建，将集群的优势进行整合，并对各种政策措施进行贯彻落实，为战略性新兴产业的发展发挥保驾护航的作用，同时也为战略性新兴产业的进一步成长与发展奠定一个良好的基础，这对于培育新的主导产业和新的增长点有很大的帮助。

最初，产业集群模式主要用于构建传统制造业的产业集群，现在，各类新兴产业的培育也逐渐采用了集群的发展方式。例如，美国硅谷是全球最有代表性的高科技产业群，是美国最大的生物科技和信息技术产业集群；日本筑波科学城，聚集了日本最顶尖的生物技术公司；北京的中关村，也是新兴产业集群的代表。

"硅谷模式"的产业集群式发展的突出特征就是以高校和研究院所为核心，把研究和生产有机地结合起来，把研究成果快速地变成产品或服务，从而形成一个高科技产业集群。这是现代高科技产业发展的一条成功之路。战略性新兴产业也可以积极地采用集群式的发展方式，充分发挥政府政策的导向作用，对战略性新兴产业进行整体规划，创造出一个区域战略性新兴产业发展的集聚因子，从而形成一种适用于战略性新兴产业的集群式发展模式。

第二节 传统产业转变型发展模式

传统产业指的是使用传统技术来进行生产和服务的产业。与信息产业、新材料产业等新兴产业相比，它形成了一种具有很长发展历史的产业集群，生产技术已经基本成熟。在经历了高速增长之后，它的发展速度开始变得缓慢，部分产业在国民经济中的贡献度逐渐降低，而且其资源利用率和环保水平也逐步变低。在我国，传统产业主要指的是在工业化初期发展起来的一系列产业群，这些产业群主要包括钢铁、煤炭、电力、建筑、汽车、纺织、轻工、造船等。战略性新兴产业的兴起和发展与传统产业的发展是息息相关的，它们是相互交融、彼此交织、共同发展的关系。

随着改革开放的深入，我国的劳动密集型产业逐渐成为国际市场上最大的竞争优势，同时，作为资本密集型产业的重工业也得到了很大的发展。在相当长的时间内，我国的经济发展以传统产业为主，走出国门的也主要是传统产业。虽然，在国际和国内经济形势发生巨大变化的情况下，传统产业受到了巨大的冲击，但是，传统产业仍有广阔的发展空间。随着人民收入水平的持续提升，以及政府扩大内需政策的持续实施，将为传统产业带来无数不同的市场机遇，而这些传统产业也将为数以千万计的人提供就业岗位。只要处于传统产业中的企业能为消费者提供高质量的产品与服务，满足消费者对各个细分市场的需要，那么传统产业就有存在与成长的空间，也将会有稳中求进的发展，这也是经济建设中不可或缺的重要组成部分。正是因为传统产业有存在的市场和客观要求，才留给我们改良的机会。

在熊彼特看来，"创新即创造性毁灭"是一种最基本的概念。新科技取代旧科技，新企业淘汰旧企业，新产业淘汰旧产业，朝阳产业淘汰夕阳产业，这就是"创造性毁灭"。在新一轮的工业革命中，传统产业要避免被淘汰的命运，就必须进行创新，从毁灭中获得新生。发展战略性新兴产业，并不意味着彻底否认传统产业，而只是促进了产业发展方式的转变与升级。发展形态的高端化，就是从粗放式的发展方式向集约式的发展方式转变，运用新技术对生产过程进行改造，使其向高附加值、高技术密集和低污染的方向发展，最终成为一个新兴的产业。利用新技术对传统产业进行升级改造，使其向战略性新兴产业转变。比如，从冶炼石油到生物能源的转变，从重化工产业向新能源和新材料产业的转变和升级。

战略性新兴产业必须融入传统产业。战略性新兴产业的发展不能仅仅停留在美好的构想上，而是要有一定的产业基础，这就是对传统产业的一种改造与升级；而战略性新兴产业的发展，也不能仅限于对传统产业进行升级与提升。战略性新兴产业的发展并非简单地抛弃既有产业，而这一过程不仅要实现对既有产业的改造与升级，也需要通过技术与产业的创新来推动新技术的研发与使用。使用新技术，不但能够提升其产品的技术含量，增加其附加值，而且还能够创造新的需求，推动产业的优化升级。此外，传统产业也能够通过创新，进入新兴产业的行列中，如汽车产业生产采用新能源或新动力设备。

在此背景下，传统制造业开始向服务型制造业转变，并且传统制造业也在新兴的产业链条中不断延伸。以制造业为基础，加快发展生产性服务业，如现代物流、服务外包、文化创意产业等，持续提升服务业的比重，将研发设计和品牌营销这两个环节进行扩展和延伸，从而形成品牌效应，提升产品附加值，并运用新的商业模式来对市场进行推广。

战略性新兴产业的产业链在一定程度上需要依靠传统产业的制造或生产能力，因此，传统产业应该首先在新兴产业价值链的上游或者是新的生产环节中获得优势，将传统产业与新兴产业的有效融合作为发展战略性新兴产业的切入点。与此同时，产品的利润率在不断下降，而高附加值服务的利润率则在不断增加。服务型制造产业是一种以制造产品为核心，以服务和产品为中心的专业化服务产业。服务型生产是一种新型的生产模式，它将生产和服务有机地结合在一起。服务型生产不仅为顾客提供了一种产品，还为顾客提供了一种以此为基础的服务，或者是一种完整的解决方案。从传统的劳动密集型向知识密集型和服务密集型产业转变的过程中，传统制造业向服务型制造业转变，将会使产业结构得到优化，并使产品的竞争力发生变化。传统制造业向服务型制造业转型的过程中,将会演化出新兴产业。例如,汽车制造向新能源汽车、环保汽车研发和生产转型。又如,装备制造业向新能源的装备制造业转型,电子信息产业向软件服务业和动画产业转型,然后逐步发展为战略性新兴产业。

互联网是战略性新兴产业快速发展的重要推动因素,虽然其不能直接创造生产力,却已经融入了各个行业,加快了传统产业的转型升级。互联网对传统产业的渗透,其本质是传统产业对互联网的需求。互联网是一个基于计算机技术的平台、一个底层的架构,它的出现是由于人们对网络互联的需要,但它在经济领域中也发挥出了巨大的作用。传统经济正在向网络经济转变,从而形成了互联网经济。互联网已渗透到各个产业领域,并与其迅速地融合在一起。所以,以互联网为代表的连接型技术也渐渐地渗透到了各个行业之中,从而导致了一场以融合为特征的信息革命。比如,广播、电视、银行、电信、家居、教育、汽车、房产、零售业等都在加快转型融网,将战略融合、模式创新作为其工作重心,呈现出生产方式驱动的特征,并将核心业务作为线上线下结合的切入点。互联网一旦与传统产业融合,传统产业就有了新生和重生的可能。

从目前的经济形势看,中国的战略性新兴产业不仅为传统产业的升级提供了强有力的技术支持,而且为现代经济的发展带来了新的契机。例如,我国装备制造业和装配业因其在传统产业链和新兴产业链上具有较强的衔接优势和发展潜力,为传统产业转型升级奠定了坚实的实践基础。随着清洁能源、信息技术等新型工业的持续深入,将促进传统产业与新兴产业的深度融合,促进传统产业向高端产业和现代产业的快速转变,进而提高我国产业的综合国际竞争力。在一定程度上,虽然传统产业仍然具有竞争优势,但是,它们在全球产业链中的低端位置却是不可否认的。为了更好地适应新的经济环境,传统产业需要借助新的技术来提高其动态竞争力,并在最短的时间内完成产业内部的优化和升级。

在劳动力、资源、环境等内外因素日益制约我国经济可持续发展的背景下,以经济结构调整、内需驱动、产业升级为导向的经济转型,已成为全社会共同关注的问题。战略性新兴产业是我国经济发展的重要组成部分。战略性新兴产业的发展,不仅能够引导未来产业走向,持续提高我国的自主创新能力,有利于我国建设创新型国家,提高我国企业的国际竞争力,更为重要的是,根据我国企业的实际情况，战略性新兴产业对传统产业的"渗透效应"，将会对传统产业的生产方式产生巨大的影响，并不亚于产业的转型与升级。推动传统产业转型与升级，为战略性新兴产业的发展寻找到了实践的内容，而战略性新兴产业的发展又为传统产业的转型与升级提供了新的突破口。传统产业的转型发展是一种生机勃勃的战略性新兴产业发展，它将为战略性新兴产业的发展提供鲜活的内涵，并为其发展提供一条自然繁荣的道路。

要正确处理战略性新兴产业与传统产业之间的关系，既要促进战略性新兴产业的发展，又要促进传统产业的转型与升级。战略性新兴产业与传统产业都是国民经济的重要组成部分，发展战略性新兴产业不能忽略传统产业的发展，而是要把二者结合在一起，形成合力，实现二者的有效衔接，使其互相促进、共同发展。一方面，通过积极地实施战略性新兴产业发展计划，加速信息化与产业化的融合，并借助高新技术和先进实用技术，对传统产业进行改造和升级，从而推动传统产业持续地向产业价值链的高端迈进。另一方面，战略性新兴产业一般是从传统产业中衍生出来的，传统产业是新兴产业发展的基石，要想实现战略性新兴产业的培育与发展，就必须依靠传统产业的发展来实现。因此，在推动这两部分共同发展的时候，既要注意推动新技术在产业中的应用与扩散，又要注意推动传统产业的高科技化进程，充分利用高科技在推动传统产业升级中的优势。

第三节　政府引导型发展模式

目前，我国的战略性新兴产业还处在初步发展的萌芽时期，需要国家和政府给予更多的支持。战略性新兴产业具有高收益性，但也具有高投入和高风险的特点。要推动战略性新兴产业的健康发展，需要政府积极参与，并根据其自身特点，加强政策扶持，引导全社会的资金投入。从政府的角度来看，应建立起一个政府主导机制，促进战略性新兴产业的发展。一是强化规划引导，根据国家的要求,制定一份全国范围内的中长期规划,引导各个地区、各个行业,选择并发展战略性新兴产业,避免出现过度宣传和无序竞争的情况。二是强化政策导向,充分发挥"看不见的手"的作用,研究制定战略性新兴产业发展的各种政策,用清晰的信号引导企业和社会的行动,引导资金投入、人才聚集、技术开发等。三是加强对战略性新兴产业发展的规划工作,对战略性新兴产业的结构方向、空间布局和发展时间进行统筹,以更好地与国家发展战略相结合,发挥出协同效应。四是充分发挥战略性新兴产业重大项目的带动作用,强化对重点项目的落实和龙头企业的扶持,支持重大产业科技攻关、技术创新和产业化,持续组织实施新能源、新材料、生物技术、信息技术等新兴领域的重大产业化项目建设,谋划和培育一批对产业整体水平和产业链有重要影响的大项目,强化对在建项目的建设和管理,培育和完善战略性新兴产业体系。

从市场的角度来看,应加强政策支持,使市场调节和政府引导共同推进。战略性新兴产业的培育与发展,既要重视政府的功能,又要重视市场的功能。市场是资源配置的基础,运用市场的供需关系、价值关系和竞争关系,以利益诱导、资源约束与市场约束"倒逼"技术创新行为,是推动我国战略性新兴产业迅速发展的重要手段。需要注意的是,在这一过程中应尽量避免市场失灵的情况发生,要充分发挥政府在公共资源配置中的导向作用,利用财税、金融等政策性工具,对社会资源进行合理的配置,营造出一个有利于战略性新兴产业发展的良好市场环境。

例如,在财税方面,应健全税收优惠政策。为适应国家不同阶段的产业发展战略,我国先后出台了一系列税收优惠政策,但是,相对于创新型企业而言,其激励效应还不够明显,当前专门针对战略性新兴产业的税收优惠制度的激励效应也不够显著,一定程度上影响了社会资金投入的积极性。税收在推动经济增长中有着无可取代的地位,因此,强化政府的引导,并在此基础上,借鉴国外先进国家的税收优惠政策,对优化我国现有的税制结构、推动战略性新兴产业的发展具有重要的现实意义。

在金融支持方面,也应加大资金支持。战略性新兴产业的培育和发展,都离不开资金的巨大投入,而我国至今还没有一套针对它的相对完整、具体的投资和融资政策。战略性新兴产业是一个高风险、低稳定性的产业,很多企业对研发的投资是有限的。目前，商业银行等金融机构的风险投资体系还不健全，对新兴产业及相关企业的认识还不够深入，因此，与之相关联的企业在融资过程中遇到了较大的困难，这势必造成企业的融资渠道相对较窄，从而限制了企业的进一步发展，进而对高科技成果的孵化和产业化造成了一定的影响。为此，应加大财政、金融支持的力度，使政府资金在发展战略性新兴产业中起到重要的引导作用。中央和地方财政要积极支持与战略性新兴产业有关的技术开发，加大对技术开发和改造的支持力度，加快推动金融产品和服务方式的创新，积极拓宽融资渠道、丰富融资方式，支持符合上市条件的战略性新兴产业的相关企业进行上市融资；加快建立场外证券交易市场，以适应不同发展阶段的新创企业的发展需求；充分利用计划和市场两个机制，利用政府资金和社会资本两种资源，促进战略性新兴产业的快速发展。

在发展战略性新兴产业的过程中，应遵循"低碳"和"生态"的原则。以"三低"（低能耗、低污染、低排放）和"三高"（高效能、高效率、高效益）为特点的低碳经济得到了世界各国的普遍重视，实现低碳乃至零碳将是今后世界经济发展的必然趋势。为此，需要政府进行适当的指导，选择具有高清洁度、高效率的战略性新兴产业，尽量向零排放、密封式发展，实现最小能耗，获得最高收益，并最大限度地保护环境。例如，在发展新能源产业上，在政府行政力量的主导下，应该大力发展清洁能源，保护环境以应对气候变化，实现能源资源多元化，提高燃料使用效率，实现节能、节约成本和高能效能源，建立起一套行之有效的长效机制。

第四节 微笑曲线发展模式

1992年，中国台湾宏碁集团创始人施振荣提出了著名的"微笑曲线"（Smiling Curve）理论，并以此作为"再造宏碁"的战略指导。他用一条张开向上的弧线来描绘计算机生产过程中每一步的增值，因为这条弧线的形状像是一个微笑的嘴巴，因此又被称作"微笑曲线"。"微笑曲线"的出现，是由于国际分工从产品分工到要素分工的转变，即在全球范围内，所有参加国际分工的企业都将根据自身所拥有的必要因素，在最终产品的形成过程中承担其中的某一工作环节。经过20余年的发展，施振荣对"微笑曲线"进行了修改，提出了施氏"产业微笑曲线"，并以其作为企业中长期发展战略的指导方针。"微笑曲线"的出现与发展一度引起了各行业的高度重视，并得到了人们的普遍认可。

"微笑曲线"的两端朝上，意味着在产业链中，附加值更多地体现在链条的两端，也就是研发和营销，而处于中间环节的制造附加值最低。这条"微笑曲线"的中央代表着生产；左侧代表着研发，蕴含全球市场的竞争；右侧代表营销，蕴含当地的市场竞争。目前，制造业的利润很低，且全球制造已经供过于求，其出路只有提高附加价值，所以，未来的产业应该向"微笑曲线"的两端发展——在左侧加强研发，以创造知识产权；在右侧加强以客户为导向的营销与服务。"微笑曲线"理论示意如图3-1所示。

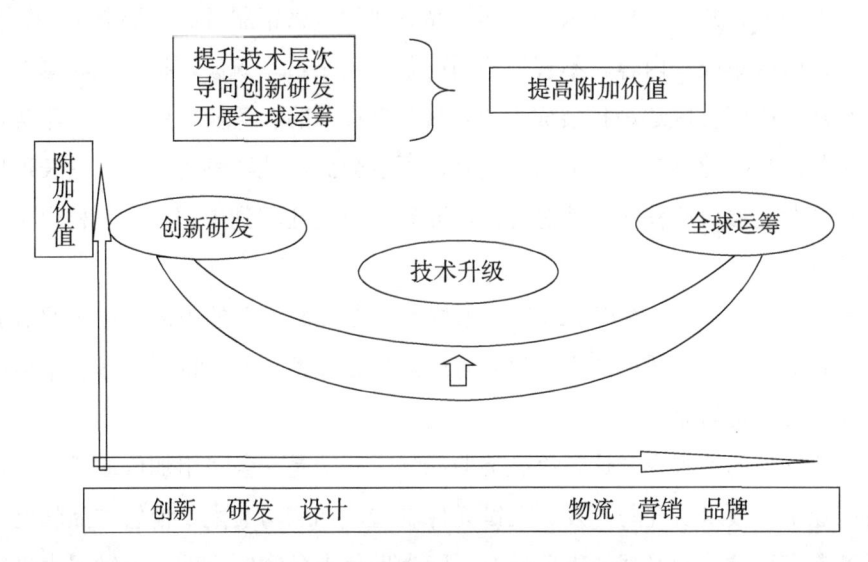

图3-1 "微笑曲线"理论示意

经济学家研究发现，美国硅谷、中亚硅谷（地处深圳，由中亚集团与深圳市沙井坦岗股份合作公司合作开发）、印度硅谷、日本筑波、我国的中关村等地区的成功，基本上是因为遵循着"微笑曲线"的发展规律，可以将其归纳为

"'1+N'微笑曲线"发展模式,即由一个服务业集聚区和若干生产基地构成,并按照"微笑曲线"布局,形成合理的区域分工,具体如图3-2所示。

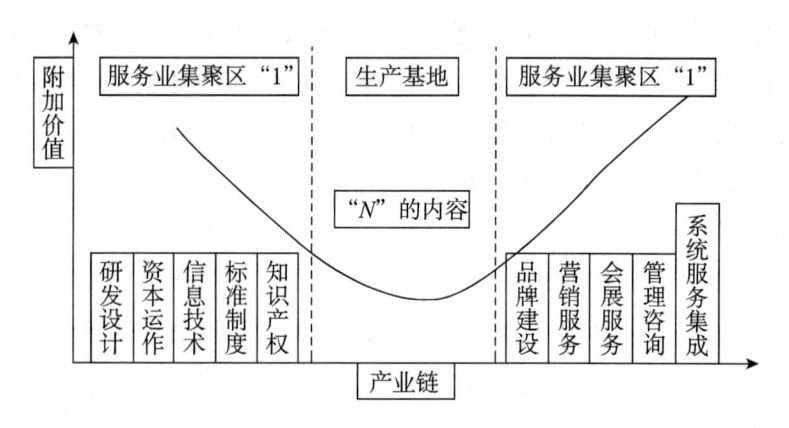

图3-2 "'1+N'微笑曲线"发展模式示意

"1+N"中的"1"即"服务业集聚区",位于整个产业链的最顶端,即"微笑曲线"的两端,主要包含了价值链前端的研发设计、资本运作、信息技术、标准制度、知识产权,以及后端的品牌建设、营销服务、会展服务、管理咨询、系统服务集成等内容。不管是美国硅谷,还是日本筑波,抑或是我国的中关村都是从核心服务区逐渐扩展成为"1+N"模式下的服务业集聚区的。服务业集聚区因其高端产业链完备、附加价值高,不会受到产业迁移的冲击,并表现出不会随着产业迁移而迁移的高稳定特性,即硅谷不会迁移到中国,中关村也不会迁移到西方。

而作为"N"的"生产基地",则位于"微笑曲线"的中部,位于服务业集聚区的底端,且与其所在的产业集群有明显的分散性,并在持续向低成本地区迁移,表现出一定的流动性。

用施振荣的话来说,这条"微笑曲线"实际上是一条"附加值曲线"。在高科技产业中,技术研究与开发、关键元件制造、加工与装配、销售与品牌化、售后服务是高科技产业发展的重要环节。因为世界上各个国家的经济发展水平以及技术发展的阶段存在差异,所以在高科技产业的价值链上,就会产生一种全球分工,而发达国家通常处于分工的上游和下游,它们会投入大量的资金,对关键技术、零部件进行研发,并控制其销售渠道以及售后服务市场,从而获得较高的利润。而处于价值链中段的加工装配环节,其技术密集程度较低,且利润较低,因此,发达国家通常会通过委托加工的方式,将其转移到劳动力成本较低的发展中国家来进行。所以,要使我国的高科技产业走出"微笑曲线"的低谷,就必须走出这条"弯道"。

由"微笑曲线"模型可以看出,在产业价值链中,各环节的附加值存在差异,呈现出两头高、中间低的特点,并且中间环节的竞争力在不断增强,企业的利润率在不断下降,我国高科技产业要实现由"微笑曲线"底部到价值链两端的转变,就需要在此基础上作出相应的调整。在全球制造业向亚太地区集中的背景下,中国已成了吸引外资、接受高科技产业转移的主要场所,高科技产业的跨国企业,如信息技术、生物医药等相关企业,都开始加速在中国投资。为迅速占据中国市场,外资企业或跨国企业纷纷将自己的产业技术、专利技术输出到中国,或者在中国建立研发中心,以此来提高自身的竞争力。我国的高科技产业必须牢牢把握住此次产业转移的机会,不断提升自身的技术实力和服务质量,尽早形成我国独立且完整的高科技产业价值链。

战略性新兴产业要发挥其独特的市场特点,打破"微笑曲线"的束缚,在全球范围内获得领先地位。我国的市场有其独特之处,也有巨大的发展潜力,尤其是在农村市场,既有众多的市场潜在需求者,也有丰富的需求信息,这些都具备了为颠覆式创新培育发展土壤的条件。许多跨国企业已经开始把中国市场看作它们颠覆式创新业务的主要孵化基地。许多发展中国家拥有巨大的内部需求潜力,其企业完全可以像20世纪初期美国福特和通用电气那样,通过满足自身的内需,实现规模经济,快速发展产业,打破"微笑曲线"的束缚。

我国的北京中关村最初是以贸易、研究、会展等服务业为主,随后又引进了一些制造业,但不久之后,中关村的制造业就开始逐渐淡出。目前,中关村已超越了传统中关村的范畴,呈现出"一区十园"的发展格局。其中,"一区"指的是以海淀区老中关村为核心区,"十园"指的是北京丰台、昌平、通州和大兴等地。苏州工业园区以总部经济为依托,形成了"一区八基地"的产业格局,即总部经济区和八个国家级科技成果转化基地。上海浦东张江高科技园区也形成了"一区九个基地"的发展模式,并且都在寻求将生产基地外包出去。但是,始终不会改变的是,核心发展区是这些基地的企业总部和产业服务平台的集中区,它的主要业务是在价值链高端的研发设计、资本运作、信息技术、标准制度、知识产权、品牌建设、营销服务、会展服务等方面。

"微笑曲线"和"'1+N'微笑曲线",将成为战略性新兴产业发展布局的一种重要形态,这种"微笑曲线"发展模式的成功也将为战略性新兴产业的发展注入活力。

第五节 科技金融融合发展模式

科技金融属于产业金融的范畴,主要是指科技产业与金融产业的融合。"科技金融"这一术语在现实生活中已经被广泛使用,赵昌文先生在《科技金融》一书中提出,科技金融是促进开发、成果转化和高新技术产业发展的一套系统性的、创新性的金融工具、金融制度、金融政策、金融服务,其主体包括政府、企业、市场、社会中介机构等,是我国科技创新和金融体系的重要组成部分。《"十三五"国家科技创新规划》提到,"科技金融"的落脚点在金融(与其并列的概念是"三农金融"和"消费金融"),是金融服务实体经济的典型代表。一般认为,"科技金融"是科技创新体系和金融体系相互融合的有机构成,包括为基础研究、技术开发、成果转换以及高新技术产业化提供金融支持的工具、服务和制度安排。

经济要靠科学技术来推动,而科学技术的发展也必须有强大的金融支持。战略性新兴产业的融资制度建设,是一个包括技术资本、产业资本、金融资本在内的多种资本形式与要素互动和融合的过程。在世界范围内,科技革命和金融创新是一对相互促进、彼此支持的"双翼"。战略性新兴产业的发展需要科技创新与金融体系的协同作用。这种耦合关系是一种互为作用、互为促进、互为渗透、互为制约的关系,它们在成果转化的过程中可以起到互补的作用,从而产生一种合力,对战略性新兴产业的健康发展起到积极的推动作用。

科学技术是第一生产力，而金融是现代经济的命脉。科技金融是对创新经济起到催化作用的"第一推动力"，也是培育战略性新兴产业的"第一推动力"，它可以更好地促进科技成果的转化。然而，技术融资的滞后却阻碍了该行业的发展。从当前的行业发展情况来看，科技金融的创新与发展已经落后于行业发展的需要，而在战略性新兴产业中，科研成果要想真正实现市场化，实现科技成果的转化，在许多方面，最缺乏的就是资金。例如，如何吸引并投入更多的研发资金、如何将银行资金投向这些需要成果转化的企业、如何把私人资金吸引到新兴产业和重大战略性产业上等，都是各界需要思考和解决的问题。只有将科技创新与金融体系结合起来，才可以更好地促进科技成果的转化，推动战略性新兴产业的发展。

创新性是战略性新兴产业最为重要的特征，在推动战略性新兴产业发展的过程中，必须注重实施科技创新和金融创新双轮驱动战略。科技创新与金融创新，是支撑战略性新兴产业发展的两个轮子。一方面，战略性新兴产业的成熟度依赖于对核心技术的掌握程度，缺乏核心技术的支持，将难以实现新兴产业的蓬勃发展。另一方面，由于战略性新兴产业具有高投入、高回报、高风险的特点，因此，要想促进它的发展，就必须利用金融创新，建立起一种风险分担机制和一种新型的融资机制，使战略性新兴产业与金融资本形成良好的互动关系，这样才能使战略性新兴产业的规模逐步扩大，并逐步提高它的产业层次。

第六节 商业模式创新与核心技术开发相结合发展模式

商业模式，指的是企业价值创造的根本逻辑，也就是企业在特定的价值链或价值网络中，怎样为顾客提供一种完整的产品和服务，以及怎样获得利润的操作范本。它包含了每个参与方，他们所扮演的角色，还有每个参与方可能获得的利益和对应的收入来源。用通俗的话来说，这是一种企业怎样挣钱的方法。其核心理念是创造价值。

商业模式创新已经成为我国企业发展的一个新热点。商业模式创新指的是改变企业价值创造的基本逻辑，以提升客户价值和企业竞争力的活动。简单来说，商业模式创新，就是用新的、高效的方法来盈利。新引入的商业模式，可能在组成要素上与现有的商业模式存在差异，也可能在要素间的关系或者是动态机制上与现有的商业模式存在差异。商业模式创新是一种新的创新形式，它以一种全新的方式向客户提供现有的产品或服务，具有很好的绩效表现和盈利能力，能够为企业带来更持久的盈利能力和更大的独特竞争优势。

在未来几十年内，创新创业将成为国家经济和社会发展的主旋律，而商业模式创新将成为其最主要的表现形式，并将成为影响行业竞争格局的关键。商业模式创新是一种与技术创新同等重要的新型创新形式。商业模式创新的实践结果显示：其职能已从纯粹以盈利为首要目标的传统企业转变为主体的改造，而且已拓展和倒逼社会企业、非政府组织和政府部门的改良与创新。商业模式创新，无时无刻不在激发人们的创业热情，激发人们改造传统、创新未来的意识，在社会上兴起一股以创新求生存的社会风气，从而催生新兴产业。

新兴产业不仅具有与传统产业不同的技术特征，而且具有与传统产业完全不同的商业模式，其创新不仅需要技术创新，更需要技术和商业模式的创新与融合。比如，1769年，法国陆军工程师尼古拉斯·J.古诺（Nicolas Joseph Cugnot）发明了第一台蒸汽动力汽车。他将一台蒸汽机装在一辆木制三轮车上，用来牵引大炮。后来在他的不断改进下，蒸汽机驱动的汽车可以容纳4人，时速达到了9000米/时。1771年，一种较大的蒸汽机被改良，它能装载45吨的货物。但是，这种机器制造出来之后，法国政府对它的兴趣却并不大，蒸汽机的发明在当时并不具有很高的商业价值。不过，随着汽车技术的引进，美国的工程师亨利·福特（Henry Ford）的创新对美国的汽车工业产生了深远的影响。福特是第一个把流水线的理念付诸实践的人，他取得了很大的成功，从而使汽车在美国得到了广泛的应用。这就是亨利·福特对原有的商业模式进行了新的突破，造就了当时美国最负盛名的汽车公司。又如，我国一些企业商业模式的创新也远胜于技术的创新。尽管当年的网络经济一度陷入了低迷，但是部分企业的新型经营模式在其中脱颖而出，并取得了巨大的成功。而这一切的成功，都源于技术创新和商业模式创新的完美融合。

战略性新兴产业的发展同样离不开商业模式的创新。战略性新兴产业的基本特征决定了其与商业模式创新具有相辅相成、相互促进的内在关系。

一是战略性新兴产业要构建与之相适应的商业模式。目前，战略性新兴产业的技术路径还不清楚，但是，产业的形成离不开商业模式。首先，技术本身不具有经济意义，只有通过商业化的方式，才能产生真正的产业，并且在战略性新兴产业中，具有共性的技术也需要商业模式的支持。其次，新兴产业中的技术竞争非常激烈，主要表现为新兴产业中的各种技术竞争，以及与其他产业中具有替代性的技术竞争。随着研发费用的增加、产品生命周期的缩短，再先进的技术也要通过商业化来延长其生命周期，使其所产生的效益最大化，因此，一个良好的商业模式对于企业来说，意义远大于灵感和技术本身。

二是战略性新兴产业的发展对商业模式的创新产生了巨大的推动作用，它将带动现有产业和企业的商业模式进行重组。技术创新，尤其是破坏性和激进性的创新，一定会引发一种相对比较彻底的商业模式的创新，这就是战略性新兴产业的突破所带来的应有意义。如今，大家都相信，要想实现低碳产业的发展，就必须实现从清洁能源产品到消费者能源需求的完整的能源产业商业模式的转变，这就要求有一种市场应用的策略，一种更便宜、更安全、更稳定的能源产品，以及更合适的政府政策等。

三是随着战略性新兴产业的发展，企业的经营方式也发生了变化。在金融危机发生后，世界各地对新兴产业进行了新一轮的选择、进入和竞争。这意味着，战略性新兴产业的市场和生产都要面向全球，要满足不同国家、不同地区、不同生活习惯的人们的需求，毫无疑问，需要新的产品、新的服务，这就是商业模式创新的开端。与此同时，也会对全球范围内产业的地理位置、产业链的全球分布等产生新的影响。

四是通过商业模式的构建，可以加速战略性新兴产业的产业系统的形成，使已有产业的结构发生变化，并可能催生出新产业。在战略性新兴产业中，商业模式是企业创新的源泉，也是企业创新的一部分。商业模式创新会创造新的市场，或在旧市场上获得新的机会，会引起其自身及其附属产品和服务的变化，也有可能会产生一些新兴的产业。

商业模式创新需要新技术的支持，而技术与市场的融合又需要商业模式创新，从技术的研究开发到"临阵一脚"为市场所接纳，商业模式就像一种"黏合剂"，将技术创新和市场创新黏合在一起，使得企业的运作中既包含着技术，又包含着市场。这种"黏合"的过程，实际上就是将技术创新这个"有形的手"与市场创新这个"无形的手"结合在一起，这个过程也就是一个战略性新兴产业培育、发展、壮大的过程。

第七节　产学研合作发展模式

产学研合作发展模式应用在战略性新兴产业中，指的是战略性新兴产业的相关企业与科研院所和高校之间通过合作共同推动战略性新兴产业发展。一般情况下，战略性新兴产业的相关企业作为技术需求者，科研院所或高校作为技术供给者，三者之间合作的本质是推动技术创新所需要的各种生产要素的有效组合。其中，高校的职能由培养人才、开展科研向为社会服务延伸，使高校与科技、经济相结合成为一种新的发展趋势。产学研合作发展模式同样指的是企业、高校及科研院所这三个技术创新主体要素，遵循"利益共享、风险共担、优势互补、共同发展"的原则，共同进行技术创新，逐渐实现"科研—产品—市场—科研"的良性循环合作模式。

产学研合作是一种独特的、混合性的跨组织关系，它是产、学、研三方从自身的利益出发而进行的一种跨组织的合作，这对提升技术创新的效率有很大帮助。从国际上的产业发展和科技创新的趋势来看，从企业自主创新向产学研合作的转变，已经是一种普遍的技术创新趋势，也是一种推动科技与经济融合的有效方式。产学研合作能够有效地推进科技成果转化为生产力，它是区域创新体系和产业创新体系的重要组成部分，是促进全社会高端智力资源向企业高效流动并提升企业核心竞争力的途径，也是推动产业结构和空间布局优化，最终实现经济转型和建设创新型国家的重要手段。图3-3为产学研合作发展的关系示意。

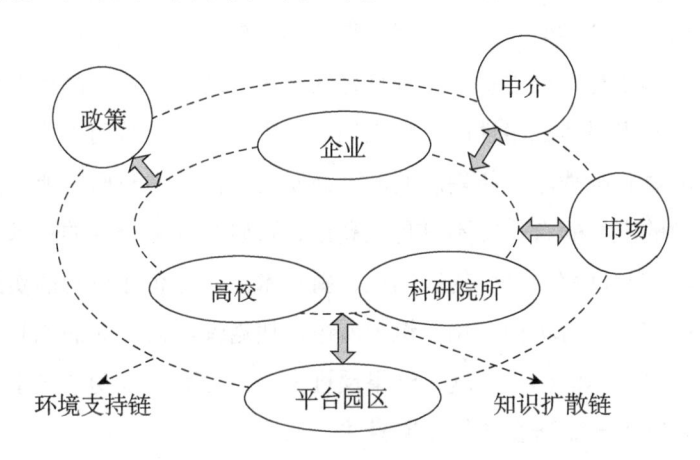

图3-3 产学研合作发展的关系示意

国外发达国家在发展战略性新兴产业上领先于我国，而且在探索战略性新兴产业产学研合作发展模式上，有一定的成功经验，这为我国目前战略性新兴产业的发展提供了很好的借鉴。在美国，高新技术开发区是一种典型的战略性新兴产业集聚区。随着时间的推移，美国的商业组织和政府机构开始将高科技研发的实验室建立在高校附近，这就是高科技的聚集地，也就是所谓的"高科技工业区"。美国硅谷的出现，让世人看到了产学研结合对于创造财富的巨大力量。德国在探索中采取的是弗劳恩霍夫（Fraunhofer）的联合经济模型。该模型在科研管理方面的一个特征就是，它与高校间有着紧密的关系，同时也依赖合同为桥梁为政府和产业界的用户提供服务，该模型努力在政府、企业、高校和研究机构之间建立起一种以共同利益和合约为基础的紧密纽带，并通过长期规划创造发展的机遇。该模型在实践运用上取得了令人信服的成绩，因此在德国和全世界都享有很高的声望。英国采取的是政府推动的方式，它在产学研结合的过程中，对知识的存储、转移和流动起到了巨大的促进作用。在科技园中，它对中小型企业给予了政策上的支持，培育出了一大批充满活力的小型科技企业，并使它们在前沿技术的所有领域都能发挥作用。日本采取的是"国立大学"的模式，它把国立大学的科研力量与企业的科技力量相结合，从而产生了令人注目的科研成果。

当前，国际上许多国家非常关注产学研合作对经济发展的重大战略意义和作用。对于战略性新兴产业的发展而言，必须突出自主创新，加快构建以企业为主体、以市场为导向、政府有力推动、研发和投入不间断、产学研紧密结合的技术创新体系，由此，产学研发展模式就显得尤为重要。一方面，产学研合作为战略性新兴产业的形成与发展提供了一种良好的土壤，通过企业、高校与科研院所的联合，可以开发出很多战略性的、突破性的技术与产品，从而形成新的产业与市场。同时，随着我国战略性新兴产业的不断发展，高校和科研院所之间的关系日益密切。新型的产学研合作并不只是从高校、科研机构向企业的技术知识的单向转移与溢出，在此过程中产生的新知识、新技术，还有企业自身的实践知识，都在持续地向高校、科研机构转化。综上所述，战略性新兴产业的崛起，在很大程度上就是产学研合作的结果。这一结果反过来，又培育并推动了产学研合作的发展，进一步丰富了产学研合作的发展模式。

第八节　柔性组织发展模式

在现代管理理论中，组织变革是一个非常重要的问题。柔性组织是一种新的组织变革潮流。在世界各地，企业和政府机构都在积极地进行着一场变革。新的组织形式通常是一种有弹性、有适应性、有反应能力的组织。我们可以将这种灵活的、有弹性的组织形式称为柔性组织。这种组织具有不断学习、开拓创新，系统地持续整合内外资源，能对外部环境变化、市场机会等快速作出反应并采取相应行动的能力。柔性组织是一种适应性强、灵活性强、创新性强、可学习性强的组织，是当今世界许多企业所追求的一种新型组织形式。

柔性组织所蕴含的管理理念如下。

一是组织边界的网络化。组织结构是基于个体、群体、组织内各子系统间的动态协作，组织结构与外部环境的功能具有互补性，因此，柔性组织的组织结构应该是模糊的，是可渗透的或半渗透的。

二是管理层次的平面化。这意味着要缩减组织结构的层次、扩大管理范围、精减冗余的人员，让组织的管理层次更加科学、合理，让组织的运作更加灵活、机动，最终实现管理的效率与效益的提升。

三是组织环境的全球化。在经济全球化发展的背景下，组织应该逐渐倾向于柔性化管理，从以往注重"硬"性的组织结构设计方面，逐渐转为注重对人力资源的合理利用和知识的开发应用等"软"的方面。

四是组织结构的柔性化。企业所具备的柔性管理能力越强，企业所具备的竞争优势也就越大。一方面，随着经济与社会的发展，企业在产品质量、功能与服务等方面的要求在不断提高，企业柔性化发展可以快速响应这些要求；另一方面，柔性组织也可以抵抗某种程度的扰动与震动，并有快速复原的能力。

企业之间的柔性是企业在面对一定的变革和冲击时，企业之间可以相互协作、协同应对的一种能力。发展战略性新兴产业，其关键在于发展科技。要实现技术上的突破，不仅必须进行持续的创新，还要进行技术上的交流与合作，更要有一种先进的产业组织方式，推动这种交流与合作，进而实现产业上的跨越式发展。柔性组织的适应能力、创新能力、学习能力和敏锐能力等显示出其最突出的特征是"柔"，这就是组织的韧性，能够适应不同的环境和战略需求，是在不断变化与发展的环境中寻求生存和发展的最优选择。战略性新兴产业的创新性要求混合了柔性组织的柔性，而创新性与柔性的混合，又更好地推动了战略性新兴产业的发展。

在传统的产业经济中，企业的外部环境相对稳定，因此，为了方便管理，管理者在其组织机构的设置上十分注重稳定性，从而产生了一种刚性的组织结构。但在不断变化的环境中，这种一成不变的组织形态逐渐显露出了它的致命缺陷。进行组织变革，用柔性组织代替刚性组织，是时代发展的必然要求。21世纪后，一种新型的、具有"虚拟重组"特征的、具有"柔性"特征的产业发展模式，为我国战略性新兴产业的发展提供了新的思路与借鉴。柔性组织的形态打破了企业刚性的整体形态，它对优质资源进行再一次整合和利用，非常重视对自身的调整和控制能力的提升，从而使组织变成一个善于学习、不断创新、拥有完善的反馈控制环路和强大的再生能力的组织，具备不断地提升自身的创新能力和竞争力。

柔性组织的推广可以得出"新木桶理论"。在正常情况下（假设木桶的大小是一定的，也不斜放等），一只木桶能装多少水取决于三个方面的因素：一是每一块木板的长度，最短的木板决定最高水位线的位置；二是木板与木板之间的结合是否紧密，木板结合不紧密的木桶会出现漏水等情况，也无法装满水；三是是否有一个很好的桶底，如果没有好的桶底，盛水只能是空想。"新木桶理论"同样适用于现代企业中的团队建设：一个团队的战斗力，不仅仅取决于每一个成员的水平，也取决于他们与其他团队之间的合作的紧密程度；与此同时，企业为他们创造的平台水平如何，对于他们能否更好地发挥团队的战斗力也是非常重要的。"新木桶理论"中的短板不单单指团队中缺失的个人能力，也指团队中协作能力的缺失。柔性组织发展模式，以其组织形式独特的弹性、灵活性、适应性、灵敏性，以及强劲反应力的组织形态，能更早地发现"短板"、控制"短板"和补齐"短板"。目前，我国的技术创新能力与发达国家还有一定的差距，技术创新能力可谓战略性新兴产业发展的"短板"，只靠技术引进和跟随模仿已经不能满足经济发展的需要，更不能满足战略性新兴产业对技术创新的要求。所以，采用先进的柔性组织发展模式，不仅要强化在有关领域中的技术研究和战略性突破，还要强化产业的虚拟再整合，只有这样，才会对产业技术的交流与合作产生有利影响，也有利于将各种优质资源充分利用起来，从而突破产业发展的技术瓶颈，推动战略性新兴产业的形成与发展。

此外，战略性新兴产业发展模式还有"科研—标准—产业"同步发展模式、动态选择产业发展模式和先行先试中逐步探索发展模式等多种模式。其中，"科研—标准—产业"同步发展模式，指的是在进行科研创新工作的时候，首先对标准的研制工作和产业化做好准备，然后通过以标准为联系，强化标准与科研工作之间的结合，推动科研成果向生产力的转化，实现科研成果的产业化。在战略性新兴产业的发展中，标准起到了一种纽带的作用，也就是在科技成果产业化的进程中，通过标准的制定，确立产业的发展路径，将产业链的上下游企业和消费者联合在一起，形成国家的竞争优势，实现资源的有效使用。

总而言之，战略性新兴产业的发展的核心在于如何根据其产业自身的特征，合理地配置与其相关联的资源，从而提升核心竞争力。一方面，产业发展模式的选择需要从技术生命周期、技术水平、生产要素资源和市场环境等方面进行考量，同一产业发展路径可以在多个视角下进行多种类型的模式选择。比如，在航空航天产业中，其关键核心技术正处在一个生命周期中的成长阶段，要想实现跨越式发展，就必须采取政府主导的发展方式和技术跟随的发展方式，强化对关键技术的消化吸收，并努力提升再创新的能力，从而使整个行业得到更快的发展。另一方面，这些因素也在不断地发生着动态的改变，使企业所处的外部环境和制约条件发生了某种程度的变化。在新的发展形势下，选择一种新的发展模式是实现产业可持续发展的关键，在此意义上，产业发展模式选择是一个不断优化的动态过程。

战略性新兴产业发展模式的选择，一定要有全球化的眼光，不仅要清楚地了解战略性新兴产业在世界上的产业链形式，还要清楚地明确先进的技术水平和战略部署；要对战略性新兴产业的覆盖面、技术路线、市场前景、商业模式、地域优势等重要问题进行深入的探讨；在应用条件相对成熟的重点领域、重点地区、重点行业，鼓励它们先行先试，并逐步探索出适合我国的产业发展模式，在获得了一定的成功经验之后，再予以推广。

第四章 我国战略性新兴产业的发展路径研究

第一节 战略性新兴产业发展的工业基础

目前,世界上许多国家与地区在积极调整自身的发展策略,力图依托本国实体经济的发展抢占国际竞争的主动权。我国若想抓住这一主动权,也必须对战略性新兴产业进行合理的发展规划。

一、我国工业化发展路径的演变历程

我国战略性新兴产业的发展根植于我国的工业国情和科技国情,与发达国家或新兴国家相比,有着较大的差异,这就构成了研究我国战略性新兴产业发展路径的独特起点。但只有弄清楚我国战略性新兴产业发展的基础起点,才可能设计出符合我国实际和战略性新兴产业发展规律的具体路径。

战略性新兴产业的发展是我国工业化演进过程中的一个关键环节,从历史发展来看,它是一种对现有工业化成果进行再开发的延续。所以,对战略性新兴产业进行研究,就必须对我国的工业化进程进行全面的梳理。就其发展轨迹而言,可分为起步阶段、重启阶段、飞跃阶段和转型阶段。其中的每一个阶段都有自己的特点,对我国的工业化进程都作出了独特的贡献。

（一）中华人民共和国成立初期的工业化起步阶段

中华人民共和国成立之后，我国走上了社会主义建设的道路。但与此同时，与同期世界主要国家相比，我国的工业基础十分薄弱。在1949年的国民经济总产值中，工业产值只占10%；在制造业产值中，使用机器的工业产值只占27%。1956年，我国在效仿苏联模式的基础上，进行了一次有计划的社会主义工业化建设。尽管我国的工业基础相对薄弱，而且在1978年以前，发展环境也不是很稳定，但全国各族人民克服重重困难，取得了一系列的突破，初步形成了现代化的工业体系，为今后的工业化发展奠定了坚实的基础。

在这一阶段，我国工业发展的路径特点主要表现为两个方面：一是进口替代战略，二是重工业优先发展。其中，进口替代战略是发展中国家通常会选择的一种工业发展模式，目的是通过限制工业品的进口，来保护本国稚嫩工业的发展，从而保证产业链的充分发育。这一战略的实施，既有自身经济发展的因素影响，也有其特定的国际政治背景。但这一对外政策客观上制约了我国外贸经济的发展，同时又加重了对外贸经济的依赖和风险。

在中华人民共和国成立之初，我国利用计划经济体制将社会资源集中起来，迅速地建立起了一个相对完整的工业体系。但是，计划经济对供给和创新的制约作用也迅速地显现了出来。由于对要素配置采取了全方位的行政干预，我国经济的活力不够，供给的增长滞后于需求的发展，资源的匮乏已成了经济的常态，供给与需求之间的矛盾亟须解决。另外，当时生产效率相对低下，缺少核心技术，使得我国工业产品在规模扩张的同时，却很难保证质量。例如，当时的产品只有粗钢，精钢还是要靠进口。这就导致了一种奇怪的现象：一方面是国内有大量的钢材库存，另一方面是仍需要大量对精制钢材进行进口。

总结可知，这一时期的路径选择导致了我们虽然已经建立了一个相对完整的工业体系，却没有掌握核心的制造技术，经济结构已经出现了严重的不平衡，资源分配效率低下，许多工业生产问题都亟待解决。

（二）改革开放之后的工业化重启阶段

改革开放使我们的发展战略进行了全方位的调整。我国的工业生产也得到了快速的恢复，而且已经初步实现了轻工业与重工业的协调发展。特别是在这个时期，还制定了渐进式改革的发展策略，从扩大国有企业的自主权开始实行"两步利改税"，逐步地对原有的经济体制进行改造，从而使经济的活力不断增强。

一方面，在经济结构上，我国实行"调整、改革、整顿、提高"的八字方针，着力改变过去轻工业与重工业、农业与工业、消费与积累失衡的状况。1978—1982年，全国轻工业总产值平均每年增长14%，占工业总产值的比重由43.1%上升到50.2%；同时，国民收入分配中的积累率由36.5%下降到28.8%，消费所占的比重则由63.5%上升到71.2%。

另一方面，实行了一系列的经济体制改革。在国有企业改革中，以《关于扩大国营工业企业经营自主权的若干规定》为代表的五个文件，对国有企业改革进行了全面推进。企业的自主权得到了扩展，企业开始成为一个独立的经营主体，企业的生产积极性得到了很大的提高。例如，在价格改革中，《中华人民共和国价格管理条例》于1987年9月颁布，将国家定价、国家指导价、市场调节三种不同的定价方式加以界定，使企业的定价自主权得到了进一步的拓展。在投融资机制上，中央政府实行"拨改贷"，并设立了国家国有资产管理局（此后经政府职能机构改革成为国有资产监督管理委员会），将国家重大工程的投资机制由划拨转为放款，政府对新的工程项目的投资机制也不再给予资金支持，从而使企业的投融资机制更加规范化。此外，为了满足企业的融资需求，1986年和1987年先后在上海和深圳设立了股票柜台交易市场。在此基础之上，两地又先后于1990年和1991年成立了规范的证券交易所。

在一系列大政方针的正确指引下，20世纪80年代我国经济发展取得了恢复性的成果。1978—1990年，我国GDP的平均同比增速达到了9.28%，工业同比增速达到了10.36%。到1990年，我国棉布、煤炭、水泥的产量居世界第一，钢铁、发电量居世界第四，原油产量达到世界第五。

在这一时期，以产业结构的协调发展和以内部变革为导向的工业化恢复是我国工业发展的主要途径。

（三）出口导向战略下的工业化飞跃阶段

进入20世纪90年代，我国全面确立了对外开放的发展战略，以深圳、珠海等为率先试点的经济特区蓬勃发展。在改革试点成绩引人注目的同时，我国也确立了中国特色社会主义的工业化发展道路，坚定不移地推进改革开放。在此基础之上，我国工业化进入了一个快速发展的阶段。

在工业化发展道路的选择上，我们积极地学习其他国家的成功经验，以出口为导向，最大限度地利用自己的人力、物力等相对优势，并以贸易为纽带，吸取发达国家的先进技术和成功经验，取得"后发制人"的战略优势。

20世纪90年代是我国经济开始全面腾飞的时期。1991—2000年，我国GDP平均同比增速达到10.45%，工业产值平均增速达到了13.96%，以美元计价的对外贸易总额平均增速为15.52%，其中，出口总额平均增速为15.37%，进口总额平均增速为16.05%，我国经济开始广泛参与全球竞争，企业的活力和竞争力得到了极大的提高，初步奠定了世界制造大国的地位。

在这一时期，我国的产业发展道路呈现出以出口为导向、以成本优势为推动的对外贸易和投资扩张的特点。在这段时间里，尽管有通货紧缩和亚洲金融风暴的影响，但总体来说处于一个快速增长的阶段。尤其是包括税收制度、银行体系和资本市场的一系列改革，极大补充了我国市场经济构成要素的不足，企业的自主权进一步扩大，经济活力全面提高，初步形成了较为完整的市场经济形态。

（四）信息技术繁荣背景下的工业化转型阶段

我国在2001年12月成功加入了世界贸易组织（Word Trade Organization，WTO），标志着我国的对外开放进入了一个新纪元。加入WTO的意义在于巩固了我国的对外贸易优势，并通过相关制度的国际化进一步便利资本的进入和流出，加快了我国工业化的速度，既有的对外贸易和投资扩张带动经济发展的战略得到了进一步的巩固，并且表现形式进一步丰富。其中，中小企业逐渐树立品牌意识，对外贸易中的高科技产品比重逐步增大；在投资领域，房地产已经渐渐变成了投资的主要标的，并且已经变成了国民经济的支柱产业。同时，国外资本也以国际投资的形式陆续流入中国，并且还在不断地增加在华投资的份额。2002年，中共第十六次全国代表大会召开，在全国范围内提出了"走新型工业化道路"。2009年，国家提出了大力发展战略性新兴产业；2015年，国家又提出了"中国制造2025"，我国的工业化已经进入转型时期。在党的二十大报告中，提出要"推动战略性新兴产业融合集聚群发展，构建新一代信息技术、人工智能、生物技术、新能源、新材料、高端装备、绿色环保等一批新的增长引擎"。

20世纪末和21世纪初，全球掀起了信息技术的热潮。而我国在经过了多年的发展之后，民营经济积累了一定的实力，居民消费能力也逐渐增强。此时，我国的信息产业具备了市场和基本的技术基础，并在世界发展潮流的推动下迅速发展，带动起相关的物流、商贸、软件开发等产业的发展，一条以互联网为技术核心的产业链逐步成型。

在信息技术产业发展的同时，我国的工业化也进入后期。2008年的金融危机造成了全球需求的下滑，再加上资本的边际回报率的持续降低，使原来的外贸与投资发展路线出现了后劲不足的情况。这就使我们的工业化进程面临着巨大的转型压力。

在这一阶段，以国内投资和对外贸易为主要的经济增长动力，对原有的工业发展模式进行了持续的深化。

综观上述发展轨迹，我们可以看到，我国在工业发展过程中，先后经历了起步、重启、飞跃、转型等几个阶段，并且在各个阶段所采取的发展策略与路径，保证了我国工业实现从无到有、从有到好的发展过程，建立起了比较稳固的工业基础，促进了我国工业向更高的目标成功迈进。

二、战略性新兴产业发展的客观条件

总体来说，我国工业化历程为战略性新兴产业发展提供了一个较为扎实的基础，但也不可忽视其发展的一些客观条件。

（一）我国工业体系较为完备，拥有较强的生产制造能力

从产业链来看，我国工业化发展至今已经具备了从上游原材料开采、生产到中游加工、制造，再到下游成品生产、销售的完整工业体系。其中在上游原材料方面，我国的生产能力范围已经涵盖了煤炭、石油、矿石等，并且农产品也较为丰富，可以独立提供工业生产几乎所有必需的原材料，并且钢、铁、煤等有200

多种工业产品产量居世界首位。而在中游制造业上，我国的制造业也具备扎实的基础，轻工业和重工业的产业链较为完整，并且实现了一定程度的协调发展，无论是居民消费产品还是工业出口产品，都拥有较强的生产制造能力，为战略性新兴产业的发展提供了坚实的基础。

（二）研发投入在国民经济中的占比逐年提高，具有较强的科技创新能力

战略性新兴产业发展需要一定创新能力的支撑，尤其是以中小企业为主体的创新大军，为产业的更新、完善和发展提供了源源不断的技术支持。我国的科研在整个社会的研发投入已超万亿元。而在多年的发展过程中，我国通用设备、专用设备、电子信息、航空航天、医药制造等工业领域的同比增速均显著超过了同期工业增加值的增速，逐步扩大在工业生产领域中的占比。2022年1月至9月，我国高新技术产品出口额为46951亿元，同比增长5.5%，超过了对外贸易的年均增速。这些都显示出我国经济在开放中也逐步培养出了对外输出的能力，高新技术产品的国际市场认同度不断上升。

（三）我国正处于工业化的中后期，新兴产业发展面临突出的瓶颈约束

我国工业经济正走向一个速度趋缓、结构趋优的新常态，尽管我们已经取得了巨大的发展成果，但我们也应该看到，目前我国的工业化必须对产能过剩、产业结构转型升级和新工业革命三大挑战给予高度重视。产能过剩已经从船舶、汽车、机械制造等传统行业，扩展到了光伏、多晶硅、风电设备等能够代表未来产业发展方向的战略性新兴产业。同时也要有效应对新工业革命带来的冲击，寻求主动转型，突破工业化后期与发达国家"再工业化"叠加造成的困难，化解发展中的不确定性，不断推动产业升级。

经过多年曲折的工业化历程，我国工业既取得了重大的突破，也面临着新的挑战。战略性新兴产业的发展位于我国经济结构转型产业升级的拐点，需要克服经济周期性下行发展的压力，以及商品价格低迷，全球经济调整阶段的挑战，亟须突破技术瓶颈和传统的产业发展模式的约束。

第二节 战略性新兴产业发展的政策推进路径

依据熊彼特理论,战略性新兴产业的发展要置于新熊彼特通道之内。政府部门的激励与金融机构的支持应置于合理的范围内,避免出现投资过热或发展过冷的现象,推动战略性新兴产业持续、健康和稳定地发展。这里可以用图4-1所示来解释新熊彼特通道,从新熊彼特理论的视角来看,社会经济系统的多样性发展只存在一个狭窄通道,新熊彼特发展发生在两个极端之间的狭窄通道上。一个极端是未受控制的增长和爆炸性"泡沫";另一极端是静止,即零增长和停滞。新熊彼特理论意义上的经济政策被假定为保持系统在一个"向上潜力"状态。为此,要进行"过热保护"(即防止宏观层面的"泡沫"爆发和微观层面的爆炸性增长)与"底层保护",(即防止宏观层面的停滞和微观层面的破产)。

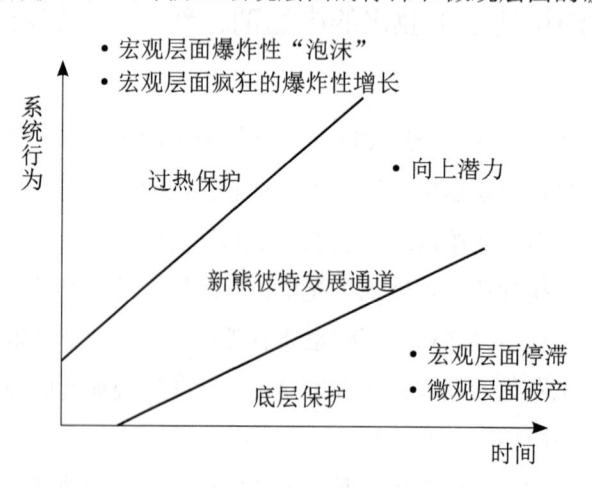

图4-1 新熊彼特发展通道

一、战略性新兴产业发展中的政府角色定位与作用机制

（一）战略性新兴产业的"新熊彼特通道"

1.政府补贴

当市场和金融环境的条件不变时，政府补贴可以发挥其激励企业加入研发、提高在研企业占比，同时激励在研企业增加研发密度、加大研发投入的作用，从而促进战略性新兴产业形成健康、稳定的市场结构，具有充分竞争强度的产业集群和合理研发资源分布的市场结构是技术创新的重要保障。否则，政府的补贴会产生适得其反的效果：如果补贴太少，不仅会阻碍企业的发展，而且还会使企业的科研投资得不到保证，从而使行业的发展趋于冷却；如果补贴太多，则会导致政府对资本的挤出作用大于其对资本的激励作用，从而导致行业"虚热"。所以，合理地控制政府对资本的补贴比例是非常重要的。

2.需求波动

当政府作用和金融环境的条件不变时，需求规模对产业规模扩大、企业技术升级的激励效应的实现，应与需求波动保持在一个合理的范围。在需求波动过大的情况下，需求规模的扩大很有可能会引起投机资本的大量涌入，产生投机资本对投资资本的挤出效应，从而在短时间内形成产业规模的爆发性增长，但是这也会让企业在研发方面的投入变得更少，产业不具有战略性新兴产业的持续增长性和创新性，产业会在过热中走向衰败；而需求波动较小，但需求规模也较小时，会导致产业发展成为无源之水，产能无法转换为产量和销量，也不利于产业的发展，产业无法完成产业生命周期的演变，直接走向衰败。因此，调控好需求波动对于新兴产业发展来说至关重要。

3.资本利率

在政府作用和市场环境已知的情况下，战略性新兴产业会要求有足够多的资金来支持其发展，这也是为什么金融体系对于战略性新兴产业的支持非常重要。如果出现金融抑制的现象，则不利于金融工具对战略性新兴产业发展发挥帮扶作用。其中主要存在两个方面的问题：金融利率被人为压低以及资本利率对不同企

业的不同定价。这将导致企业在研发投资的过程中融资成本提升，使企业技术创新水平受到限制；而且，因为资金分配的不平衡，导致了资金的分配效率低下，这对激励企业尤其是中小民营企业的研发活动是不利的。在这种情况下，产业可能会因此走向过冷，失去向前发展的动力和潜力。而资金利率对不同企业存在不同定价的同时，如果资金均流向了战略性新兴产业，又会产生新熊彼特理论所提及的产业过热问题，也不利于产业的健康发展。所以，资本市场利率的形成机制及价格水平对我国战略性新兴产业的发展具有很大的影响。

综上所述，对战略性新兴产业发展环境的考察需要涉及三个指标，即政府补贴率、需求波动和资金利率。根据新熊彼特理论的思想，将这三个指标与新熊彼特模型进行有机的结合，以弥补其在现实指导中的不足。融合后的新熊彼特通道如下。

政府补贴、需求波动与资金利率构成了一个三维空间，三个矢量的加成决定了产业发展的方向。给定其他两个条件，当剩余的那个量未处于合理区间时，就会使得产业的发展溢出新熊彼特通道，投资过热或者发展过冷，最终都将导致产业走向衰败。战略性新兴产业的发展是综合性系统作用的结果，不是单方面推动就可以顺利发展的。因此，政府就是要在完善自身作用机制的基础上，通过政策引导这种综合性系统作用的发挥。下面就将依据这一判断讨论政府角色的定位与作用机制。

从新熊彼特通道的角度来看，在战略性新兴产业的发展过程中，政府所扮演的角色、所起的作用具有多样性。一方面，通过行政手段，对工业发展进行直接干预，实现政府对工业发展的战略性规划；另一方面，通过财政金融综合手段，为战略性新兴产业的发展提供支撑，政府同时也需要明确自身与市场的边界，向着服务型政府方向转变。通过合理的角色定位，战略性新兴产业发展中政府的作用机制也将发生对应的变化。

（二）战略性新兴产业发展中的政府作用方式与市场化机制

1.优化政府资金的使用方式，探索市场化的产业调控手段

在战略性新兴产业的发展中，政府作用最重要的方式就是资金形式的支持，如政府可以采取典型的财政办法，包括税收优惠、研发补贴、产业发展引导基金

等形式，这些形式中有的是直接作用于产业，有的是间接作用于产业。但在应用中应当避免政府资金干预企业决策的现象。对此，政府资金的运用可以将传统的税收补贴和示范工程等直接干预方式，逐渐转变为以企业为主体、以市场为导向，以间接管理为主、直接干预为辅的产业培育模式，探索建立政府资金运用的市场化机制，减少政府主管部门对企业经营决策的干预，真正发挥扶持资金的激励作用。

一方面，在强化财政支持力度的基础上优化政府资金的使用结构。将政府产业发展引导基金等间接作用的方式作为政府资金运用的主要形式，致力于消除不必要的行政性垄断和行业管制，逐渐减少直接政府购买、税收优惠与财政补贴等形式的直接干预，还企业以自主经营权力，减少垄断造成的资源配置扭曲，充分开放产业竞争。

另一方面，可以建立第三方机构，如科技银行、风险或信用评测机构等，这样不仅能够保证政府发挥出最大的效用，还能够对市场化机制进行完善和监督，从而进一步扩大市场化作用的范围，加强市场化作用的效果。另外，还可以鼓励民营资本加入第三方机构，政府转变角色、逐步退出，实现第三方机构运行的市场化。

2.以培育产业创新能力为目标，强化政府在制度环境建设中的积极作用

政府作用的重要方面体现在对产业发展环境的改善。其中包括战略性新兴产业相关基础设施建设、法律法规等制度环境建设、人才培养体系建设以及企业的融资环境建设等方面。

首先，战略性新兴产业的发展需要良好的基础设施，以为战略性新兴产业的发展提供有力支撑。例如，新一代信息技术的发展需要网络基础设施的覆盖面达到一定比率，新能源汽车的发展需要建设足够密度的汽车充电站，物流网络的形成需要国家公共交通网络体系的完善和发展等。而这些建设投入在短期内是民营资本难以承受的，这时候就需要发挥国有资本和公共财政的作用。对基础设施建设的投入既是产业发展的需要，也是消费方式转变、市场规模培育的需要，更是社会发展成果公平共享的体现。

其次，战略性新兴产业的发展需要完善的制度环境。例如，建立和完善知识产权保护法、环境保护法以及反垄断法等法律法规，充分保障企业技术创新的收

益，维护产业的健康竞争环境，以激励企业对研发活动的投入，这也是通过市场化机制起到基础性配置作用的必然要求。

再次，要想实现战略性新兴产业的发展，就必须有充足的人才资源，还要有一套与行业发展需求相匹配的人才培养体系，这样才能为新兴产业的发展提供源源不断的动力。在发展战略性新兴产业的过程中，必须进行持续的技术创新和商业模式创新，这就要求有大量的专业技术人才、营销人才和企业家人才。

最后，战略性新兴产业的发展还需要充分竞争和开放的融资环境。必须克服我国产业发展中民营企业融资难、融资结构不合理、资金配置缺乏效率等顽疾。例如，建立多层次的资本市场，拓展战略性新兴产业的融资渠道，打破企业融资的不合理的壁垒，提供公平的市场竞争环境；大力推进利率市场化进程，让市场自发形成与不同产业技术创新风险相适应的利率水平，为企业科技创新提供相适应的融资保障；开放资本项目，减少企业资本跨境运作成本，鼓励企业开展跨国合作，并借助资本市场的力量整合、吸收国际先进的技术经验和成果，以加快缩小国内外技术水平的差距。

因此，政府应当以培养产业长期创新能力和竞争力为目标，充分发挥基础设施建设、制度环境建设、人才培养体系建设和企业的融资环境建设等方面不可替代的作用，促使战略性新兴产业的发展尽快步入有序和良性的发展轨道。

3.针对战略性新兴产业发展的不同阶段，政府应施加不同的影响

战略性新兴产业处于不同发展阶段，对政策扶持、市场需求和资金支持都有不同的要求。例如，产业处于萌芽期和发展期时，由于产业的稚嫩和产业链的脆弱、市场前景的不确定等因素，需要政府积极加以呵护和扶持；而当产业步入成熟期，已经形成稳定的商业模式、信贷模式和消费模式之后，政府作用便可以逐步弱化。政府的干预要做到进退有序，既起到激励企业发展的作用，又不干扰产业发展生态，政府作用机制应具有动态特征，其定位、方式和强度均应体现出差异性和针对性，具体如图4-2所示。

萌芽期	发展期	成熟期
• 政府作用定位：政府主导作用显著，制定产业发展战略规划 • 政府作用方式：建立科技银行、产业发展引导基金等，国有企业主动调整生产方向，甚至需要政府大量的直接投资，带动产业发展 • 政府作用强度：政府主导下的产业发展中政府因素较大，政府资金占比较大	• 政府作用定位：政府开始退出主导作用，逐步转变为扶持和服务角色，政府作用以激励为主 • 政府作用方式：完善科技银行、风险和信用评测等第三方机构的建设，逐步完善法律法规基础设施等建设，减少对产业的直接投资 • 政府作用强度：吸引民营资本大量进入，逐步减少国有资本或政府资金的占比	• 政府作用定位：产业中的政府资金完全退出，只起到维护产业发展环境的作用 • 政府作用方式：减少国有资本对第三方机构的占比，转而继续完善法律法规、基础设施建设等环境的维护支出 • 政府作用强度：政府资金占比维持在最低的限度，产业发展以民营资本为主，形成健康的产业竞争环境

图4-2 产业发展不同时期政府作用的定位、方式和强度

综上所述，战略性新兴产业发展中政府作用机制应当充分体现在：在政策空间上，做到明确政府与市场的边界，给市场机制发挥作用释放更大空间，避免政府部门的过度干预阻碍战略性新兴产业的发展，将有限的公共资源投入战略性新兴产业基础建设领域；在政策延续的时间上，应力求做到与产业发展不同阶段的要求相适宜，政策干预进退有序，从而有效推动战略性新兴产业的持续健康发展。

二、战略性新兴产业发展的政策保障体系

在培育和发展战略性新兴产业的过程中，政府应以保障产业发展所需的社会支持体系为导向，努力营造制度环境和推进市场化建设，以公共部门调控、新兴市场培育以及金融支持为主体，构建战略性新兴产业发展所需的政策保障体系。

（一）构建社会支撑体系，保障战略性新兴产业的持续健康发展

战略性新兴产业的发展需要政府通过行政或财政手段整合社会资源，推动新兴产业的发展布局。自提出战略性新兴产业发展规划以来，各地政府综合运用各种财政金融手段积极引导社会资源向战略性新兴产业领域集聚，力争实现技术突破和产能扩张。例如，中央财政设立了战略性新兴产业专项基金，直接引导社会资本加大对战略性新兴产业研发的投入；同时，在全国范围内，也有20多个省市设立了与之相似的专项基金。

在建立产业发展资金的同时，也要加强产业之间的组织和协调，减少产业之间的隔阂，减少产业的交易费用。例如，国务院已经批准设立了的战略性新兴产业发展部际联席会议制度等，强化了部门之间的组织和协调，形成推动战略性新兴产业发展的合力。地方政府也开始建立产业示范基地，充分发挥产业集聚对科技创新和产业发展的积极作用。这将成为我国未来战略性新兴产业发展的重要依托。

（二）培育和挖掘新兴产业的市场需求，不断强化市场机制的决定作用

战略性新兴产业发展的政策归宿，应当是政府逐步退出产业发展的主导地位，让位于市场机制的决定性作用。而在这一过程中，同样需要通过公共部门的调控作用，使市场需求逐步成为产业发展的主要动力，完善的金融市场逐步成为企业获取金融资源的有效渠道。

首先，各地政府对产业需求的培养进行了有效的探索。例如，国家组织实施了"节能产品惠民""十城万盏""十城千辆""金太阳"等重大示范工程。地方政府也越来越注重对需求侧的鼓励。例如，广东省对新能源汽车、LED照明设备、电子信息等产业产品实行优惠；上海致力于在智能电网、5G移动通信、云计算等领域探索适应于市场的产业运营模式；北京统筹安排了针对战略性新兴产业的200亿元政府采购等。这些政策举措扩大了战略性新兴产业的市场空间，但是，它并没有真正地激发并培育出对战略性新兴产业的有效需求，并为其提供支撑。因此，还应考虑通过税收调节的方式，拓宽战略性新兴产业的市场需求空

间。例如，增加常规能源税，减少新能源及新能源汽车消费税，以促进战略性新兴产业的有效需求。

其次，利用金融市场的发展机会，如利率市场化，资本账户开放等，鼓励多种形式的银企合作，稳步推进短期融资债券、中期票据、非公开定向债务等融资工具的应用和发展，通过融资机制的创新为战略性新兴产业提供有力的金融支持。

（三）建立和完善产业技术创新的制度环境，激励企业加强对科技创新的投入

战略性新兴产业发展的竞争力在于核心技术的掌握，在于不断地推动科技创新。而要让企业保有科技创新的热情，不断对科技创新进行投入，就需要建立起包括知识产权保护、市场环境保护在内的基本法律环境，引导人们形成环境友好的生产理念，保障研发和科技创新的应得回报。这些法律法规要做到提高侵犯知识产权、破坏公共环境的行为成本，从而保护研发创新的合法权益。

同时，也要注意对知识产权的运用。比如，应鼓励社会力量建立第三方的社会中介组织，拓宽研发成果和投资需求的沟通渠道，注重构建技术服务平台、交流平台，提升技术成果转化的效率，有效实现创新资源向企业的转移和流动；通过建立技术和专利联合，构建产学研结合的制度体系，促进科技成果产业化；落实科技成果投资入股、确定股份等政策，鼓励科技型中小企业以知识产权作为抵押，与银行或风险投资机构进行合作，促进知识产权成果在市场上的转化。

第五章　金融发展支持战略性新兴产业成长的理论基础

在现代金融发展理论中，金融发展是指金融部门发挥着促进技术创新和资本积累的基础作用，并通过促进产业发展来带动经济增长。由于在战略性新兴产业中，创新占据着重要的地位，所以，战略性新兴产业的发展也与金融的发展密不可分。实际上，熊彼特提出的"创新经济学"理论，已经把"行业波动性"和"创新"联系了起来，在产业生命周期波动、产业结构调整、产业兴替等方面，不仅强调了产业创新的动力，而且强调了金融发展这一外部性因素在产业创新中的重要作用。从这里可以看出，金融发展理论与创新经济理论是实现金融发展促进战略性新兴产业发展的重要理论基础。

第一节　发展经济学框架下的金融发展理论

从银行诞生之日起，金融在经济发展中所扮演的角色便引起了人们的广泛关注。随着发展经济学的产生，金融发展理论也出现了。但在发展经济学的初期，即第一阶段（20世纪40年代末至60年代初），西方经济学家还没有开始对金融问题进行深入的探讨。这是由于在该时期，在唯计划、唯资本和唯工业化的思想的指引下，作为工业化、计划化和资本积累的工具，金融只是一个附属性的和被支配的角色，因而其发展被忽视了。

20世纪60年代中期之后，发展经济学进入了第二个阶段。在这一时期，新古典的发展思想代替了结构主义的思想，并占据了主导地位，它强调了市场的作用，给了金融行业一个适度的发展空间。金融发展理论主要是研究金融发展与经济增长的关系，即金融体系（包括金融中介和金融市场）在经济发展中所发挥的作用，对于如何建立一套高效的金融体系和金融政策，以最大限度地促进经济增长，以及如何合理地使用金融资源，实现金融的可持续发展，进而实现经济的可持续发展，进行了大量而深刻的研究。

在第二次世界大战之后，一些新兴的独立国家在寻求自身经济发展的同时，也或多或少地遇到了储蓄不足、资本缺乏等问题。金融发展相对落后、金融系统效率低下，是制约不少国家经济增长的深层原因。20世纪60年代后期到70年代初期，一批西方经济学家开始关注金融与经济增长之间的关系，如雷蒙德·W.戈德史密斯（Raymond W. Goldsmith）、约翰·G.格利（John G. Gurley）、E.S.肖（Edward S. Shaw）、罗纳德·麦金农（Ronald Mckinnon）等人，他们都发表了经济增长和金融增长为主要内容的学术著作，并由此建立起了金融增长理论。

一、金融结构、金融发展与经济增长

以往的研究对金融机构、金融工具、金融发展等的界定并不清晰，导致了对金融和经济发展关系的研究仅停留在定性层面，缺乏定量分析。戈德史密斯在国际上首次提出了"金融结构"这一新概念，并将其应用于描述金融发展的层次。他对35个国家近百年来的历史数据进行了定性和定量的分析，为我国的金融发展提供了一个新的研究范式。

戈德史密斯认为，对现有的金融结构和其变化规律进行分析，是对二者关系进行探讨的先决条件。金融结构是指各种金融产品、各种金融机构以及它们之间的关系。戈德史密斯从以下八个方面对金融结构进行了定量分析：第一，金融关联性，即在一定的时间点上，以总的金融资产与总的国民财富的比值来度量；

第二，各种金融工具结余在整个金融工具结余中所占的比例，以及金融资产（类型）在各主要行业中的分配情况；第三，金融资产和各种金融工具的总结余在不同行业与不同产业中的分配情况；第四，各种类型的金融资产在整个金融机构中所占的比例；第五，金融机构在全部金融资产总量中所占的比重；第六，从金融产品类型与金融产品在各个行业中的分配两个方面来描述金融产品的持有人与发行人之间的关系；第七，以上各项指标的流动情况；第八，利用资本来源与使用报告作为工具，对各个部门、各个子部门的资本来源、使用与合作伙伴的关系进行分析，以此来判断各个部门的资本来源是否来源于自身积累、是否来源于外部融资，并判断出在对外融资中，金融机构所占的比例。

根据以上八项指标，可以大概地把一个国家的金融结构划分为三种类型。第一种是金融相关率非常低，债务融资所占比例远远超过股权融资，金融机构中以商业银行为主，这种金融结构表明金融发展还处在初始阶段。第二种类型的融资结构与第一种类型的融资结构类似，债权融资所占比例仍然超过股权融资，商业银行在金融机构中仍然处于主导地位。但是在这种结构中，政府和政府控股的金融机构在融资中起到了很大的作用，同时，由外国投资的大型股份公司已经大量存在。20世纪上半叶，大多数非工业化国家的金融结构就属这一类型。第三种金融结构的特点是金融相关率很高，债务融资的比重虽然仍占资产总额的三分之二以上，但股权融资的比重已有所上升，金融机构在全部金融资产中的份额已提高，金融机构的多样性也有所增强。这一类型的金融结构在20世纪的工业化国家较为常见。戈德史密斯认为，研究金融结构的目的就是揭示金融发展的规律。为此，可以通过金融相关率等指标的变化来判断金融发展达到何种水平。不管一个国家的金融结构在何时以何种状态为出发点，从第一种、第二种类型到第三种类型的金融发展都是一条必经之路。

考虑到政府在国家经济中的角色，这种以金融结构变化为标志的金融发展轨迹有两种，一种是在市场力量作用下实现自身发展，另一种是在政府干预下实现发展，前者的效率和效果都要好于后者，所以从经济内在规律上来讲，这两种发展轨迹也存在着内生性的并轨趋势。通过对历史数据的分析，戈德史密斯认为，在经济增长和金融发展之间有一种"明显的大致平行"，当社会财富和人均收入都在提高的时候，金融结构也呈现出了规模越来越大、结构越来越复杂的趋势，并且在经济快速增长的时候，金融发展也会以更快的速度进行。不过，他也承认，从历史数据来看，金融发展和经济增长呈现出一种并行的关系，这并不能说明金融发展就可以推动经济增长。

虽然戈德史密斯并未明确指出金融发展和经济增长的内在联系，但其所提出的金融结构的概念为金融发展理论的建立打下了坚实的基础。

首先，从"结构"和"规模"两个维度出发，首次把"货币""信贷""银行""金融市场"等经典经济学中的金融概念整合到一个金融的理论框架中，为"金融"和"信贷"这两个领域提供了新的研究视角，对当代宏观金融学的发展也有一定的启示。其次，从金融关联比例、金融结构比例、股权债务比例、银行和其他金融机构比例等角度出发，为金融发展水平、金融与经济发展的相互影响等方面，提出了一套完整、简洁、直观的衡量金融发展与经济发展之间关系的方法，从而更加重视金融发展与经济发展的相互影响，并为金融发展的相关理论的定量化分析奠定了基础。

二、金融抑制、金融深化与经济增长

（一）金融抑制与经济增长

麦金农和肖以发展中国家为对象，提出了金融抑制论与金融深化论，在学术界和实务界引起了巨大反响。尽管麦金农和肖的分析在方法与路径上并不相同，但两人分析的前提、所得到的结论和提出的政策框架等都非常接近，所以，他们的理论又经常被合称为"麦金农—肖模型"。

麦金农以发展中国家为研究对象，指出在这些国家中，各经济主体（企业和个体户）所面临的生产要素的真实定价是不一样的，这就导致了"经济分割"现象的出现。在这样的经济分割下，发展中国家的各个经济主体都难以获得与之对等的技术，只有通过自己的"内源融资"，按照自己所掌握的技术进行生产，才能获得相应的投资回报。显然，"经济分割"导致了高度的投资多元化，但回报率却很低。在发达国家，资本市场可以最大限度地起到分配要素的作用，可以更好地促进存款和投资的流动，从而使实物资产和金融资产的回报趋于均衡。

然而发展中国家的资本市场因其"分割化"特征，很难促使其获得多样化的回报水平，因此，发展中国家的政府常常因为担忧私营部门无法充分利用投资机遇而对其进行多种形式的干预。其具体表现为设定利率上限、利息最高额，实施基于固定汇率制度的外汇管制等。但由于政府的这种介入，在发展中国家的金融市场上，形成了一个以利率—汇率为导向的价格体系。在高通胀的情况下，如果将利率维持在较低的水平，甚至是负利率的状态下，既不能提高社会存款的累积，也不能减少低效的投资，反而削弱了银行对社会存款的吸收以及将其转化为投资的中介功能，这就会导致国家的经济发展面临严重资金不足的问题。麦金农把这种情况称为"金融抑制"。

麦金农指出，在发展中国家，货币和实物资本之间存在着互补性而非替代性的联系。究其原因，一是经济系统的分割性，造成了投资对内源融资依赖；二是投资具有不可分割性。实物投资要取得效益，首先要有一定的规模，其次要有与之相适应的资本。更多的货币累积，意味着更多的实物资本的投入。相应地，对实物资本的投入越多，所需累积的货币数量也就越大。货币实物资本之间已不能再互相取代，而是互相补充。

为了说明上述互补关系，麦金农针对发展中国家提出了一个货币需求函数：

$$\left(\frac{M}{P}\right)^D = L\left(Y, \frac{I}{Y}, d-P^*\right)$$

式中：M是名义货币量；P是价格水平，为实际货币需求余额；Y为名义收入；I为投资，$\frac{I}{Y}$为投资占收入比例；d为各类存款名义利率的加权平均数；P^*为预期通货膨胀率；$d-P^*$为实际存款利率。

货币需求对所有变量的偏导数都为正值，即与所有变量都呈正相关。其中，与投资占收入比例呈正相关，说明了货币与实物资本之间的互补特性；与$d-P^*$呈正相关则说明了放松利率管制的重要性。在金融抑制政策下，d被压得很低，P^*则居高不下，使得$d-P^*$通常为负值，因此货币的实际需求也很低，没有了货币积累，实际投资也很低。可见，在发展中国家，投资与$d-P^*$有时也呈一种正相关，用函数式可表示如下：

$$\frac{I}{Y} = F(r, \ d-P^*)$$

式中：r为实物资本的平均回报率。

也就是说，投资占收入比例是由其平均回报率和实际存款利率共同决定的，对前者的偏导数是正值，对后者的偏导数在某些情况下为正值，在另外一些情况下则为负值。麦金农进一步解释道，在投资依赖内源融资的情况下，r的提升会提高$\frac{I}{Y}$；从而增强人们积累货币的意愿，货币成为投资实现的一个导管而非实物资本的替代，资本积累通过这个导管变得容易发生，麦金农称此为导管效应。只要投资的平均回报率超过实际存款利率，导管效应就始终存在，此时，投资占收入比例对实际存款利率的偏导数就为正值。当然，一旦实际存款利率上升至超过投资的平均回报率，导管效应就不复存在，货币与实物资产之间的替代效应将出现，此时，投资占收入比例对实际存款利率的偏导数则为负值。导管效应与替代效应的关系如图5-1所示。

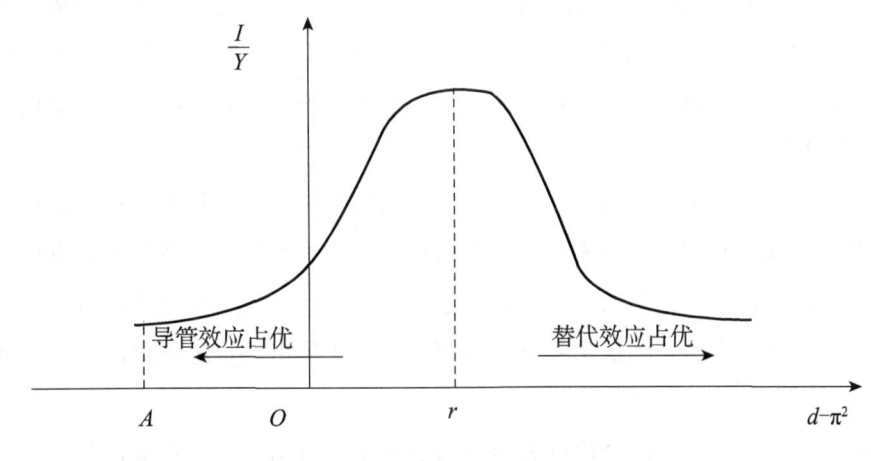

图5-1 导管效应与替代效应的关系

（二）金融深化与经济增长

改革开放以来，我国进入了快速的金融深化过程，金融在现代经济中的地位愈加显著，但在金融体系高速发展的过程中，如何使我国的金融发展更高效地促进经济增长、实现良性循环显得尤为重要。

1.我国金融深化的过程

中华人民共和国成立后，实行计划经济模式，政府在经济发展的过程中占据主导地位，对金融的干预也在一定程度上抑制了经济发展。

随着我国改革开放政策的实施，金融深化得到了政府的重视，金融行业也得到了进一步的发展。金融改革不断推进，商业银行逐步建立和发展，金融机构的种类也不仅仅限于银行，保险公司、证券公司先后建立，丰富了当时的金融体系。此外，金融市场也在逐步丰富和完善，金融工具和金融资产的种类越来越多。1993年以后，我国通过完善银行体系、丰富金融工具种类、建立多元化的金融机构等方面，进一步深化了金融业的发展。此外，还先后成立了中国证券监督管理委员会、中国保险监督管理委员会、中国银行业监督管理委员会（2023年3月在中国银行保险监督管理委员会的基础上组建了国家金融监督管理总局），分行业对各个金融机构实施健康有效的管理。同时，我国的利率市场化改革基本完成，市场逐渐发挥主导地位。近年来，我国的金融体系日益完善，金融工具呈现多元化的发展趋势，拉动了我国经济的高速发展。但此时，市场的资源配置还有待于进一步提升，我国的金融深化进程也处于开始阶段。此后，我国积极学习其他国家的政策，结合我国国情，逐步放开对利率和汇率的严格管制。随着我国经济的开放，分业经营模式已不足以适应当时的经济发展需求，我国金融业逐渐向混业经营发展。

目前，我国金融体系发展已经取得了一定成果，金融深化程度也日益加深，经济发展呈现良好态势。随着我国金融深化进程的不断加深，我国金融机构的数量增加、规模扩张，银行的主导地位有了一定改变，证券、保险等金融机构的发展也丰富了金融市场。当前形势下，我国应继续优化市场资源配置，促进经济稳健发展。

除此之外，我国金融资产的种类也日趋丰富，对国内生产总值也起到了一定的促进作用。但需要注意的是，当前金融资产的内部结构存在失衡现象，这主要体现在金融机构存贷款总额所占的比重过大，而其他的金融资产的占比较小。这种结构失衡现象不利于金融市场发展，难以维持金融体系的稳定。综合来看，虽然我国金融深化进程已取得了一定成果，但仍存在一些不容忽视的问题和风险。

2.我国金融深化的指标评价

（1）货币化比率。货币化比率是衡量金融深化水平的常用指标，用一国广义货币（M2）与该国国内生产总值（GDP）之比计算，即M2/GDP。自1994年我国实施金融改革以来，市场对货币的需求量不断扩张。1994年的货币供应量为46923.5亿元，截至2023年12月末，广义货币（M2）余额292.27万亿元，同比增长9.7%；狭义货币（M1）余额68.05万亿元，同比增长1.3%；流通中货币（M0）余额11.34万亿元，同比增长8.3%；全年净投放现金8815亿元。不难看出，我国金融的深化程度正逐步加强。然而近年来，金融创新不断发展，货币更是以多种多样的形式出现，为满足广泛的融资需求和创造更多的融资途径，货币化比率对经济增长的解释作用逐渐减小，难以准确衡量我国的金融深化程度。

（2）金融相关比率。金融相关比率可以反应一定程度上的金融深化水平，为某日一国全部金融资产价值与该国经济活动总量的比值。相比于第一个指标，金融相关比率考虑了有价债券、股票、保险以及其他金融工具，更全面地分析了金融资产对经济发展带来的影响。多年以来，我国的金融相关比率呈整体增长趋势，客观地显示出我国金融市场的发展过程。然而，金融深化不只是在数量和规模上的扩展，也需要判断其发展的质量，均衡稳定的金融发展才能长久地推动经济增长。

（3）利率市场化改革。利率作为金融发展过程中不容忽视的指标，从一定角度反映了当前市场金融资产的价格，对经济发展也起着举足轻重的作用。当一国对其利率干预过多时，会产生金融抑制现象，不利于经济的良好稳定发展。目前，我国利率市场化改革已基本完成，市场供求对利率水平的影响也不断增大。利率在推动货币政策传导机制的同时能够使资金得到更高效的配置，进而推动经济增长。随着利率市场化改革的推进，低利率可以引导资金流向非货币金融资产，有利于金融深化进程的逐步推进。然而，实际利率受通货膨胀的影响，通常难以准确测算，且其对经济增长产生的影响也难以量化。

3.金融深化与经济增长的关系

金融深化对经济增长的影响一直是学术界的热门研究之一，初期大多数学者从定性的角度研究金融深化对经济增长的影响，白芝浩（Bagehot）和熊彼特较早认识到运行良好的金融体系对经济增长有举足轻重的作用。金融深化有信息生产功能、风险管理功能、储蓄动员功能和公司控制功能等，这些功能通过资本清算机制、资本形成机制、企业家创新和技术创新机制三个渠道促进区域经济增长。随着金融发展理论的不断演进，学者们开始从定量的角度进行研究。宋勃、苏立峰等研究证实我国的金融深化推动了经济发展。刘刚等认为，金融深化能显著提升我国经济效率水平，提升路径为改善各工业产业的全劳动生产率。张富田认为，长期的经济增长要依靠区域内金融深化程度的提高，经济欠发达的中西部地区应当适度提升区域金融深化水平。事实上，健康发展的金融体系能加快较贫困地区的经济发展速度；相反，扭曲的金融体系不仅不会刺激经济发展，还会拖累经济增长。贾清显等利用动态面板数据模型广义矩估计方法进行实证研究，得出畸高的经济货币化率可能与一国（地区）经济长期稳定增长呈负相关的结论。

综上所述，长期来看金融深化对经济增长具有正向促进作用。金融深化是影响经济增长的主要因素，但是金融深化的指标变量对经济增长的作用方向不同，金融相关率与经济增长呈正相关，而货币化率与经济增长呈负相关。这充分证实金融深化强调金融市场的完善程度、金融工具的可获得性以及金融服务的普惠性等，不再是盲目追求高货币化率。只有股票、证券、保险等中介市场健康、均衡发展，才能有效地促进经济增长，畸高的货币化率最终将阻碍经济增长，不利于实体经济的发展。

第二节 内生经济增长理论框架下的金融发展理论

在发展经济学的框架下，早期的金融发展理论研究了金融结构、金融深化、金融抑制和金融自由化等对宏观变量（如储蓄和投资）的影响，其核心是把金融部门作为经济增长的外部条件，单纯从资本积累的视角来研究金融发展和经济增长的相关性。20世纪90年代初，伴随着内生增长理论的出现，人们开始把金融行业引入内生增长模型，并对其在经济增长中所扮演的角色进行了探讨。而在这个时期，以资产定价模型、MM（莫迪亚尼—米勒）定理以及期权定价模型为基础的现代微观金融理论也逐渐发展起来，并趋于成熟。这让大家认识到，金融的含义早已超越了货币和信贷的融资范围,风险管理、资源配置和价格发现才是现代金融的核心。

罗伯特·默顿(Robert Merton)和兹维·博迪(Zvi Bodie)首次将功能的概念引入金融作用的分析,从而突破了过去金融只关注货币信用和金融系统的传统观念,而建立起金融功能的新学说。基于内生增长模型和金融功能观的思想,金融发展理论的研究侧重于从经济内生性要求来对金融体系发展的成因进行说明,进而从功能和结构两个方面来界定金融发展的内涵与表现,并引进信息不对称、交易成本、市场摩擦等与实际经济极为相近的假设,对金融发展对储蓄、投资、创新与长期经济增长的影响,以及金融体系的演变等进行了分析。因此,这一轮的金融发展理论通常被称为"内生金融发展理论"。

一、金融功能与金融发展

内生金融发展理论认为,市场摩擦(Marker Friction,是指金融资产在交易中存在难度)的存在决定了金融市场与金融体系存在的核心基础。斯蒂格利茨(Stieglitz)和韦斯(Wess)等指出,由于信息不对称所引起的一系列"代理问题",使市场交易主体在订立合同时产生了信息服务需求。然而,信息的获取、合同的监督以及交易的推进都需要花费大量的费用,因此,金融机构和市场可以通过规模效应来减少信息的甄别与合同监管的费用,并通过多样化的方式来分散风险,减少违约概率,缓解信息不对称等情况的出现。因此,减少交易费用是一种内在要求,也是一种促进经济发展的内生需求。在一种经济体系中,为减轻市场摩擦而形成的一种金融功能,其基本作用就是对资源的跨期配置产生影响,可以从两个角度,即资本的积累和生产力的提升,来推动经济的增长。莱文(Levin)认为,金融功能在推动经济资本积累和提高生产力方面所起的作用主要体现在:一是对投资进行生产;二是对资源进行了配置;三是在筹资后,对筹资方的筹资行为进行监控和指导;四是推动风险的转移、分散和管理;五是鼓励储蓄,方便货物和服务的交易。他认为,五大功能中的任何一种都会对储蓄、投资和经济增长产生影响,而要使五大功能得到有效利用,并使市场上的摩擦得到缓解,就必须有金融发展。

二、金融结构与金融发展

内生金融发展理论与发展经济学框架下的金融发展理论的研究有一定的相似性,即在对金融发展的研究中,主要是从金融结构的角度来出发的。然而,与戈德史密斯将金融工具、金融市场、金融中介三者有机地组合在一起的金融结构不同,内生的金融发展理论认为,经济发展的内生交易成本具有多样性,这种多样性的交易成本与各经济体的法律体系、政策规则、税务体系等因素的组合,就导致了金融合同、金融市场和金融中介的不同,进而导致了金融结构的不同。从一个国家经济金融的发展历程及现实条件出发,概括地讲,这种金融结构主要表现为以市场为主的直接金融对以银行为主的间接金融之间的比例。在发达国家,金融制度多以市场为主,而在发展中国家,金融制度多以银行制度为主。因此,什么样的金融结构才能有效地促进金融功能的发挥,进而促进金融系统的发展,这就是内生金融发展理论研究的一个重要问题。

虽然由银行主导的金融中介系统具有明显的优势,但是从理论角度来看,其在企业信息收集、管理人员监督等方面存在着一定的缺陷,从而影响了企业的资源配置效率和经济效益。在这种情况下,银行应充分利用自身的信息优势,对经营者进行有效的监管,为企业的发展提供资金,弥补自身的不足,充分发挥其融资职能。而一些认为由金融市场所引导的金融系统(直接金融)有着更大的优越性的理论提出,在这种情况下,市场能够提供更多的风险管理手段,因此,可以针对某些特殊的情况设定相应的风险管理手段。对于银行系统来说,其只能针对标准化的业务环境,为客户提供基本的风险管理手段。而以市场为导向的金融体系,则能通过提供专业的金融业务,更好地适应企业对风险的高度灵活性的要求。因此,随着经济的不断发展以及资本的不断累积,人们对风险管理手段的要求也会不断提高。在良好的法律环境和体制条件下,可以起到积极作用的金融市场体系,已经成为现代经济发展中不可或缺的一部分。尽管从理论上来分析,以银行为主的金融体制与以市场为主的金融体制在发挥金融功能上存在差异,但从国家层面、产业层面与企业层面的实证分析来看,这两种金融结构并未明确地显示出孰优孰劣。这表明,金融系统的核心就是金融服务功能,金融结构不过是其发挥功能的一种表现形式与载体工具，所以，金融系统的功能关键不在于由谁来发挥，而在于有没有发挥。

一个国家的金融系统到底是以银行为主导，还是以市场为主导，这与一个国家的发展而产生的对金融服务的内部需要，同时也与该国的法律、文化、风俗等社会制度的影响有关。由于相对于金融结构而言，内生的金融功能在一个国家的发展进程中更为稳固，因此金融结构在这种功能的基础上，也在进行着不断的变化和发展。在金融系统的演化与发展中，两大种子系统，即以市场为主导与以银行为主导之间，存在着相互竞争与补充的关系。而且，在不断深入的过程中，这两种系统逐渐表现出了共同演化发展的特征。无论是发达国家还是发展中国家，随着经济的持续发展，银行与市场的规模都在逐渐扩大，但相比之下，银行系统扩大的速度要慢于市场扩大的速度。因此，从金融结构上来看，金融系统的市场化水平在某种意义上可以反映出金融发展的特点。

三、金融发展与经济增长

基于经济内生性发展而成的金融体系，其自身并不会对经济增长产生正面的影响，内生金融发展理论总结出了金融体系能够通过五项基本功能来促进经济增长，然而，在缺乏实证分析支持的情况下，人们对这个理论发展究竟能够发挥出多大的作用表示质疑。自20世纪80年代后期以来，以时间序列分析、面板分析以及变量内生性分析为主要手段的宏观计量经济学的发展为内生金融发展理论奠定了坚实的理论基础。在对数据库进行持续改进的过程中，内生金融发展的相关学者对金融发展和经济增长展开了很多的实证研究。由于经验分析是内生金融发展研究中的一个关键部分，因此有些文献将内生金融发展理论统一称为经验金融发展学。

戈德史密斯是第一个提出金融发展和经济增长存在相关性的学者，但由于未考虑其他影响经济增长的因素，因此无法确定两者之间是否存在着直接的因果关系。金（Kim）和莱文还利用国际数据，对其他与经济增长有关的指标进行了分析，结果表明，银行系统的发展程度和金融系统的发展程度都是一个稳定的指标。同时，贝克（Beck）等人在放松了最小二乘法的基本假定后，利用工具变量法和动态面板估计技术，对金融发展和经济增长的关系进行了实证分析，并给出了更为普遍的实证依据。格兰杰因果关系检验（Granger Cousality Test）为实证研究提出了一种新的研究思路。乘数模型是一个比较高级的计量经济学工具，它可以和格兰杰因果关系检验相结合，起到互补作用。拉詹（Rajan）和津加莱斯（Zingales）首次运用这一方法，从行业对比的视角，对金融发展对经济增长的推动效应进行了实证检验，并将其运用到了金融发展对经济增长的影响效应，以及金融发展政策对金融系统的影响效应分析之中。

2008年，发达国家金融业的过度扩张引发了世界范围内的金融危机。在内生金融发展理论中，对金融发展与经济增长关系的研究开始从异质性角度入手。伊尔马兹库迪（Yilmazkuday）在跨国界的研究中提出，要想获得金融发展对经济增长的影响，需要一系列的"门槛条件"。对于任何一个国家来说，高通货膨胀都将削弱金融开发对经济增长的作用。同时，对于国家规模和贸易开拓程度的门槛效应，也具有不同的国家差异：低收入国家规模太小，或者高收入国家规模太大，以及低收入国家贸易开拓程度不够，都会导致金融发展对经济的促进作用降低。阿坎德（Akande）等对是否存在金融发展对经济增长不再具有积极影响的门槛效应进行了检验。其研究采用了各种实验研究手段，证实只有中等收入国家的金融发展对经济增长具有显著的积极作用，而对于发达国家来说，金融发展对经济增长的影响则呈现出减弱的趋势。当国家民营企业的借贷总额达到国内生产总值的100%时，金融业将会严重阻碍经济的发展。这种金融过度的发展将会引发一场更严重的金融危机，会让世界上大部分国家的经济都陷入衰退。

四、金融发展与技术进步

内生金融发展理论提出了一个关于金融发展对经济增长的影响机理，它不但能够完成资金的累积，而且能够提高资金的分配率，促进知识的积累，推动生产效率的提升。对此，科技创新是金融发展促进经济增长的一条重要路径。由于内生金融发展理论主要从功能和结构两个方面来研究金融发展，因此，有关金融发展对技术进步的作用也是围绕这两个子体系来展开的。

金融系统的核心功能是通过"信息产品"来降低信息不对称所带来的风险。

通过对企业信息的搜索和对企业行为的监控,可以使金融系统得到最丰富的信息,从而通过筛选机制、降低融资成本机制和降低风险的机制,推动企业的技术进步。在筛选机制方面,为了安全起见,金融系统在将社会剩余资金注入企业时,必然会根据企业现有和未来的生产技术先进程度,对企业未来可能的收益作出判断。因此,在这一背景下,金融系统能够为企业提供一种有效的方法,以帮助企业实现产品和生产流程的创新。在降低融资成本机制方面,艾金(Aikin)从技术创新的视角,研究了金融系统在技术创新中的作用。在他看来,可以把企业的投入分为三类:短期项目的投入、长期项目的投入和研发项目的投入。假设将其他项目的投资转向研发项目会产生一定的调整费用,那么金融系统越先进,为企业投资项目调整所提供的服务就越及时,企业的研发投资成本就会大幅下降,所以,金融发展对技术创新的积极作用也会提高。在降低风险的机制方面,创新的风险很大,而金融系统的发展可以为风险分散、风险转移和风险交易等提供多种风险管理工具与组合方式,这将大大促进企业的创新,并推进企业的技术进步和经济的增长。

内生金融发展理论认为,金融功能的载体是金融结构,以银行为主的债权融资和以市场为主的权益融资在推动技术进步时的功能与效果是有很大不同的。首先,从降低资金投入角度来看,权益性资金对促进企业技术创新的作用远大于债权性资金。这是因为,股票投资者主要从企业长期发展中获取利润,他们在投资时不需要什么担保。并且,在企业要进行扩股融资时,他们也不会让企业的真实财务情况变得很难,所以,在企业要进行技术创新时,他们可以为企业提供足够的自由资金。其次,股票市场为股票的定价提供了一种有效的反馈作用。卢博斯(Lubos)和韦罗·勒斯(Weiler Roth)认为,如果关于创新前景的信息非常少,且很难掌握,就会出现一系列的备选方案,使得对创新项目进行评价变得非常困难。股权市场能够为企业提供及时、均衡的股票价格,这使得企业的创新性投资机遇能够对企业管理层产生积极的影响。过度依赖外部融资的行业中存在着大量的信息不对称的创新投资机会,成熟的股权市场能够更好地激励创新,实现资源的高效配置。最后,在风险防范方面,金融市场应该比银行制度能更好地发挥作用。霍尔(Hall)和勒纳(Lerner)认为,技术创新所产生的风险不仅仅是某种分布特性所决定的,对高科技行业来说,股权市场可以为其提供多样化的风险分担工具，并且可以为其提供与其风险水平相匹配的高期望回报，而不是仅能从其自身获得固定回报。

总体而言，现代金融发展理论从功能和结构两个方面对金融部门促进技术进步的机理进行了研究，其基本思想是一致的，区别只是何种金融功能和何种金融发展结构可以发挥出更大的功能。而且，在对这一问题的研究中，外国学者往往倾向于对其进行跨文化的对比。这样的国际实证对比，可以为得出实证结果提供较严密的技术保证。然而，外国学者的相关研究也有不足之处，比如现有的相关研究，或是把发达国家的金融业发展作为参照，或是侧重于国际宏观经验，这显然忽视了各国的经济发展、法律制度、要素禀赋和历史环境的差异，所以，这些并没有给发展中国家带来很大的实际借鉴意义。这些外国专家的研究，或是在对微观企业市场行为、交易信息以及合同合约等信息进行深度分析的基础上，分别对西方发达国家的企业行为展开了分析，对于发展中国家来说，难以获得有效信息。所以，对此类研究成果的借鉴，没有很大的实际指导意义。因此，对于外国学者的看法，要用金融发展理论来引导一个国家的金融体制建设，就需要根据该国的经济发展现实，尤其是金融部门发展的现实，并采用合理的经验研究方法来进行检验。

第三节 熊彼特理论下的创新与产业发展理论

约瑟夫·熊彼特是现代创新理论的提出者，其理论学说在经济思想史的研究中占有特殊的位置。熊彼特因其对资本主义本质特性的阐释，以及对资本主义产生、发展、走向衰亡的"创新理论"而享誉世界，并对后来经济学的发展与研究产生了深远的影响。

一、熊彼特理论与新熊彼特理论

战略性新兴产业是国家的一项重大产业发展战略，其在引领地区经济转型中的地位越来越明显。然而，站在产业生命周期的视角来观察，战略性新兴产业还处在发展期乃至培育期，它的商业模式和技术创新方式还处在摸索之中，行业发展的各个方面还需要不断地成熟和完善。因而，战略性新兴产业不仅具有技术密集型产业集群的内生增长特征，同时也具有传统产业的产业演化特征，因此，对于战略性新兴产业的研究通过传统产业的理论研究路径是不恰当的，不能确切地反映出战略性新兴产业的实际发展规律。

"创新理论"是奥地利经济学家约瑟夫·熊彼特于1912年在《经济发展理论》中提出的，后来又通过《经济周期》《资本主义、社会主义和民主主义》等著作，在"创新理论"的指导下，发展出一套独具特色的理论体系。而"新熊彼特理论"（一般习惯上把遵循熊彼特思路的研究及形成的理论称作"新熊彼特论"或"新熊彼特主义"）则是在熊彼特创新理论的基础上，围绕创新活动展开的一系列研究内容，其核心思想仍是探索如何解释新兴产业的发展，如何理解新兴产业的产业结构演变等。

新熊彼特理论无疑对研究产业演化过程有着重要价值。但是，由于新熊彼特理论的学术理念本身的多样性，其对新熊彼特学说的概括与总结也有很大的不同。例如，盛昭瀚在研究开发策略和投入策略的基础上，构建了一个"新熊彼特"型的产业演化模型，并对我国劳动密集型、技术密集型产业的演化进行了数值模拟。颜鹏飞对新熊彼特理论的起源、基本特点进行了较为系统的论述，并重点论述了其由公共部门、金融市场和工业部门三个层面所组成的新熊彼特理论的基本结构。徐承红运用新熊彼特的地区经济演化理论，对地区经济的产业集聚、空间扩散、要素供给与需求进行了分析。新熊彼特理论在对产业组织演进的考察中，表现出了更强的系统性理论优势。尤其是对我国战略性新兴产业的研究中，创新是产业发展的基础，其发展的显著特征就是产业结构的不断调整和演变。只有在企业的创新和结构的演进中寻找到一个平衡点，才能真正把握战略性新兴产业的发展规律。从这里可以看出，在对我国战略性新兴产业的研究中，新熊彼特理论在其中起到了重要的作用。因此，有必要将新熊彼特理论与我国产业发展的现实相结合，对我国工业发展的相关问题进行深入探讨。

二、熊彼特理论的创新与产业发展理论

（一）熊彼特理论的核心内容

熊彼特把对社会生产周期现象的分析当作他的理论研究起点。他把生产看作一种最根本的经济活动，是一种把各种因素通过组合来获取产品和服务的过程，而把这些因素结合起来的方法就是技术水平。但是，由于竞争和利润的驱使，在现阶段的生产过程中存在着一种内在的动力，当这种动力达到一定程度时，就会产生一种变革的内在动力。熊彼特给创新下了这样一个定义："构建一种新的产品功能。"创新是对生产因素进行"新组合"，其具体表现为：引进一种新的产品结构，或者是一种新的品质标准；在生产过程中引入一种新的生产方式，它还可以是一种新的商业处理模式，它还没有在实际生产部门实践过，也不需要以科学验证为基础；开拓一种新的市场，即一种过去从未涉足过的市场，不论过去有没有；掌握新的原材料和半成品供给渠道，不管以前有没有这种渠道；创建一种新的行业组织，如开创一个新的产业领域。熊彼特对"创新"与"发明"之间的区别给予了高度的关注，并指出"发明"是指创造性地开发出新型的具有一定潜力的生产方法的活动；而"创新"则是将新的产品、新的生产方法引入一个企业的生产流程，并由此获取一定的经济利益的一种活动。因此，发明是一种未经历过经济发展过程的科技进步，是一种单纯的科技概念；而创新则是将科技进步逐渐实现商品化和产业化的过程，其应当被看作一个经济学领域中的概念。

熊彼特认为，新要素的组合是一种很常见的现象，其表现形式有两种：一种是不断对原有要素的组合进行微调，这种改变并不会引起新要素的产生，我们称其为"经济增长"；另一种是持续地出现全新的要素组合形式，这些变化会产生一些新的发展特征，我们称其为"经济发展"。在市场竞争的情况下，新要素的结合将通过竞争淘汰掉旧的要素结合模式。新要素结合的最初步骤是通过使用闲置的生产要素来实现的，随着旧的要素结合模式被淘汰，资源将继续流向新的

要素结合模式。通过不断的质量变化和不断的革新，可以更加有效地配置资源。因此，在这种情况下，创新与创造性毁灭作为一种资本资源的分配方式，与价格机制共同驱动着经济由一个技术层面的均衡走向另外一个技术层面的均衡，实现了资本经济的内生性发展。熊彼特把创业者的功能定位为"把新的要素组合起来"，把创业者看作"创新的主体"。创业者与资本家不一样，后者是拥有财富的人，前者是创造财富的人；创业者与管理者之间存在着很大的区别，二者都参与了要素的整合，但创业者的作用是创造新的要素，管理者的作用是维持已有要素；创业者与发明人也有很大的区别，前者只是发现了新的要素，而后者则是将新要素引入生产流程，使新要素所蕴含的潜在的经济效益变为现实。一个创业者应该具备三项超凡的素质：一是要具备战略性的视野，能够从革新中发掘出潜在的商机；二是要勇于创新，勇于突破；三是要具有较强的领导能力，能够对各因素进行合理的重新组合，以获得更大的利益。

（二）竞争、创新与结构——熊彼特范式的创新与产业发展

熊彼特以"创新"为研究对象，以"竞争"为切入点，对"创新"和"产业发展"两个问题进行了探讨。对于不同的企业来说，其拥有的能力也具有一定的独特性，进而表现出相应的动态学能力，在企业的各层面上可以发现这种异质性的存在。

熊彼特认为，在同一产业中，甚至在不同产业中，为了获得更多的成本和价格上的优势，多个企业之间展开竞争的过程，是资本主义经济发展中的一项基本特征。这些企业之间的竞争，是建立在它们所能提供的产品和服务之上，竞争的结果就是，一些企业会发展壮大，一些企业会衰落，一些企业会退出，还会有一些新企业会进入。在整个竞争的过程中，主要表现为既有企业和新进入企业之间的创新与随之而来的模仿及适应、调整。引进独特的创新技术可以有效防止竞争对手的模仿，从而快速提高企业的市场占有率，提高行业的集中度。熊彼特提出了"创造性毁灭"这个概念，用以描述创新的实质及其所导致的产业结构变化，并提出了核心驱动因素是获得超过其他竞争者的相对收益，而非单纯的经济收益。

熊彼特在其著作《经济发展理论》和《资本主义、社会主义与民主主义》

中，以竞争结构为切入点，提出了两种不同的"创新"与"产业结构"的创新范式，并被后世学者归纳为熊彼特创新模式Ⅰ（Schumpeter Mark Ⅰ）和熊彼特创新模式Ⅱ（Schumpeter Mark Ⅱ）。采用熊彼特创新模型Ⅰ的企业大多表现为：企业所处的产业领域的市场环境不稳定，准入壁垒较低，基本处于完全竞争的状态。在这一产业领域中，大部分的创新由新进入的创业企业来进行，而企业之间的创新竞争模式则表现为新进企业逐步替代既有企业的"创造性毁灭"模式。采用熊彼特创新模式Ⅱ的企业大多表现为：整个产业处于相对稳定的市场环境，行业准入壁垒较高，大多数的创新是通过既有企业来实现的。此时，企业之间的创新竞争多为"创造力累积"模式，即既有企业通过沿着已建立的技术轨道，强化自己的技术优势来进行创新。

这两类企业的创新范式存在着明显的差别，其原因在于企业所处的产业背景以及企业的创新主体不同。提出"创新"这个观念的目的是弥补传统经济学对经济进行静态分析的不足，因此他认为，与经典经济理论一样，企业的创新行为也是在一个完全竞争的市场条件下发生的。在完全竞争的市场条件下，企业的规模通常较小，所以通常难以负担技术研发的费用，也难以产生较大的技术创新，而技术创新具有外部性特征，对于中小企业来说，最大的贡献就是感知到了先进技术背后的机会，并勇于冒险，把技术商品化。熊彼特在《资本主义、社会主义与民主主义》中首次提出创新的市场经济条件。他认为，不仅现实中不可能出现完全的竞争，而且从理论上讲，其与经济发展也是格格不入的。在熊彼特看来，所谓完全竞争指的就是某些新兴产业可以自由地进入，但是环境的极端自由对于个人来说却是极端不自由，所以进出新的产业领域几乎是不可能的。在完全市场竞争环境下，企业的技术效益并不高，不但无法实现资源的最优配置，而且还会造成资源的浪费。与此同时，熊彼特还发现，大型企业在整个产业中起着举足轻重的作用，特别是大型企业一般拥有自己的研究与开发部门，并且有能力承担研究与开发方面的投入。随着大企业对研究开发的投入，其创新结果在实现商品化之后，通常会产生较大的额外收益，从而逐步增加了市场集中度。这说明，在非完全竞争条件下，技术进步不应是外生性的，而应是大企业作为技术创新的主体。在此基础上，熊彼特对竞争、创新、产业三者之间的关系进行了分析，并将其归纳为"熊彼特假说"：第一，在不完全竞争的市场环境中，企业规模越大，创新越有效,即企业规模与创新之间呈正相关;第二,随着产业领域的高度集中,企业所具有的强大的市场实力对创新具有较强的促进作用,即市场集中度越大,创新效率越高。此后,从20世纪60年代起到90年代末,对"熊彼特假说"的理论修正和实证检验一直是产业经济研究中的热点问题。

熊彼特的创新理论一经提出,就在西方经济学界引起了轩然大波,但直至熊彼特于1950年逝世,其理论学说仍未得到西方主流经济学的认可。这一情况的产生主要有两个原因。一是熊彼特的本意在于对经典经济学中的价格机制系统作一个补充,而非替代。但是这两种理论在对经济运行进行描述时,所给出的机制和蓝图却存在很大的区别。创新驱动经济理论给出的是经济动态不连续的波动,而价格理论体系给出的是经济静态连续的循环,因此想要在创新的动态机制基础上,来对资源配置和经济发展进行分析与考察,就必须在动态假设的价格理论基础之上来与之进行配合,但是熊彼特对此却没有进行深入的研究。二是熊彼特所提出的创新经济理论和凯恩斯的宏观经济学是同时出现的,这对于熊彼特而言,非常不利。第二次世界大战后,世界的经济呈现出一片颓废的景象,凯恩斯理论的出现正好可以用来准确地判断这一时期遇到的经济问题,并指出了解决这些问题的方向,但是对于这些问题的出现,熊彼特的创新经济理论却没有能够很好地应对。

熊彼特从创新和产业发展的动态性出发,着重指出与创新和工业发展有关的论述中存在两个问题。首先,熊彼特认为创新是推动产业发展的重要因素,却把创新看作一个"黑箱",并没有对其内在机理和影响因素进行清晰的阐释,也没有对其产业的条件和作用机理进行准确而细致的说明。其次,熊彼特强调了创新在产业发展中的重要地位,但忽略了技术发明特别是具有突破性意义的技术发明在产业发展中所具有的重要作用。实际上,学术界已逐渐认识到,熊彼特把"创新"和"发明"严格区分开来,是对"创新"的误解,因为"创新"在本质上具有不同程度的分散特征。就算是从熊彼特提出的两种创新模式的范式来分析,也可以发现,无论是创新还是创造性发明,都会对产业的发展产生重要的推动作用。由于熊彼特早期理论的不足和产业组织理论中结构—行为—绩效(Structure-Coduct-Performance,SCP)范式的出现,关于创新和产业发展的研究逐渐转向了对熊彼特两个假说的验证。同时,随着博弈理论的日趋成熟和广泛的运用,这一热点也逐步转移到了对企业研发投资战略和专利申请等方面的竞争研究。在20世纪70年代末至80年代初，一些学者以熊彼特的理论观点为基础，对创新与产业演变、结构变迁之间的关系进行了理论研究和实践验证，虽然这些学者的研究思路与理论模式并不完全符合熊彼特的观点，但他们都秉承了熊彼特的"以创新为中心""以动态为导向"的研究思路，并进行了深入的研究。

三、新熊彼特理论的创新与产业发展理论

（一）新熊彼特理论的科学认知

新熊彼特理论提出，经济发展的本质是经济结构的改变，其核心是制度体系的改变，因而，新熊彼特理论将产业发展理解为一个复杂系统的"螺旋式"进化机制，而非新古典经济学所提倡的"价格中心论"。新古典经济学不仅重视从微观和宏观角度来进行分析，而且更加注重中观层面的研究成果，并以此来对系统动态过程中的结构变化问题进行分析，最终形成微观—中观—宏观的分析框架。新熊彼特理论借鉴了这一分析模式，将对产业发展的研究也分为了微观、中观和宏观三个层面。其中，中观层面处于最为核心的位置，其联系起了微观企业个体决策和宏观产业经济的发展结果。因此，在产业发展的结构性转变过程中，中观层面的研究分析应当引起人们的重视。

从产业研究的视角出发，新熊彼特理论把新兴产业的发展过程总结为一条中观轨道。新熊彼特理论的中观轨道由三个所谓的支柱构成，即产业部门、金融市场和公共部门，轨道的发展方向也是由这三大部门的共同作用来确定的，并强调了三者之间的协调。唯有这三大部门之间的相互作用和影响，才能充分调动微观主体的创新能力，使其在中观层面上实现生产力的转换，进而实现宏观层面上的经济增长。为此，新熊彼特理论提出了"产业部门、金融市场和公共部门三个维度"的理论框架，并将科技发明和技术创新作为一种内生的经济发展的产物，其发生和发展都呈现出一种动态性的非均衡特征，将制度变迁、有限理性假设、创新浪潮等现代经济学理论和方法结合起来，从而揭示出科技发明和技术创新的内在机理。根据三大部门在战略性新兴产业发展不同阶段的作用机制，将战略性新兴产业发展的中观轨道整理如表5-1所示。

第五章 金融发展支持战略性新兴产业成长的理论基础

表5-1 中观轨道中三大部门在战略性新兴产业发展不同阶段的作用

	萌芽期：中观1	成长期：中观2	成熟期：中观3
产业部门	新兴产业发展基础（技术基础、人才基础、物质基础）	新兴产业不断成长，旧产业衰退、消亡	形成稳定的新型产业结构
金融市场	面临产业发展初期的不确定性，提供启动资金支持	资本在新兴产业间和产业不同环节内部进行有效配置	形成稳定的金融支持体系
公共部门	引导要素集聚，进行政策支持，以及基础设施建设	协调多部门共同支持，逐步增强市场机制作用	保留交易秩序管理、法律执行等作用，政策作用降到最低

在新熊彼特理论的基本框架中，理论的最终诉求是产业创新，但理论着重从企业的创新动机角度去阐释企业的创新行为，如图5-2所示。在这种情况下，一方面，消费者在商品市场中产生了对商品的需求，并且政府在商品市场中对商品的供给和需求进行了补贴，从而促进了商品市场的发育；另一方面，居民和消费者的存款构成了资本的供给主体，大量的资本聚集在一起，能够为新兴产业的企业提供资金支持，进而为新兴产业的发展提供了必要的市场和资金条件。

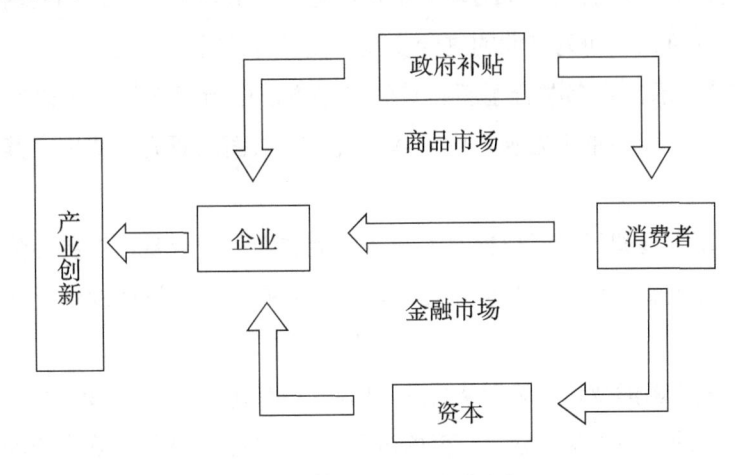

图5-2 新熊彼特理论的基本框架

（二）新熊彼特理论的拓展：与新古典经济学方法的融合

尽管现有的新熊彼特理论在对结构变化这一典型问题的解释上存在着一些局限性，但是不可否认的是，新古典经济学历经数百年的发展，其对经济问题的洞察力、分析手段的精良、研究视角的宽广，都值得新熊彼特经济学学习和借鉴。特别是在对问题定性基础上的定量研究方面，新熊彼特理论显示出了明显的不足。因此，新熊彼特理论应该积极地借鉴新古典经济学的研究成果，吸收新古典经济学在观察和分析经济现象时所使用的研究工具，并借鉴其中的量化研究方法，以增强自身理论的解释力。

从以上论述我们可以看出，目前对于新熊彼特理论的研究应该在原有的研究理论框架的基础上，再进一步地进行完善。具体而言，主要表现在以下几个方面。

第一，将产业发展的外部环境与产业创新紧密联系起来，使产业发展不再是一个独立于外部环境的存在，从而丧失对产业发展的理论解释和对实际的指导作用。

第二，将经济中的内生视角引入企业创新的研究，考察不同要素如何作用于企业要素分配、创新决策和产业结构演化，以深化新熊彼特理论对产业创新的理解，并将新熊彼特理论与新古典经济学相结合，以更好地发挥新古典经济学的作用。

第三，运用新古典经济学中的实证研究方法，对新熊彼特的论证逻辑进行了改进。即用产业运行的数据来对现有的解释进行检验，并对数据期间内的产业发展绩效进行探讨，从而为产业的进一步发展提供有针对性的建议。

如图5-3所示，本书融合了新古典经济学方法的新熊彼特理论研究框架，将产业内生性创新能力置于宏观、中观和微观三个层面的研究范式中。其具体内容如下。

第一，研究框架界定了研究是立足于宏观层面的产业整体发展趋势，还是中观层面的产业创新发展，或是微观层面的企业创新决策，进而确定了后续的研究方法与思路。

第二，基于新熊彼特理论，从公共部门、产业部门和金融市场三大部分，分析了政府主导下的公共资源再分配、市场需求主导下的利益激励、资金驱动下的创新可行性三个层面。

第三，基于对产业现状的数据进行检验，从而实现对产业现状的客观评估。

同理，在新熊彼特的理论框架下，可以更全面地考察战略性新兴产业的发展。

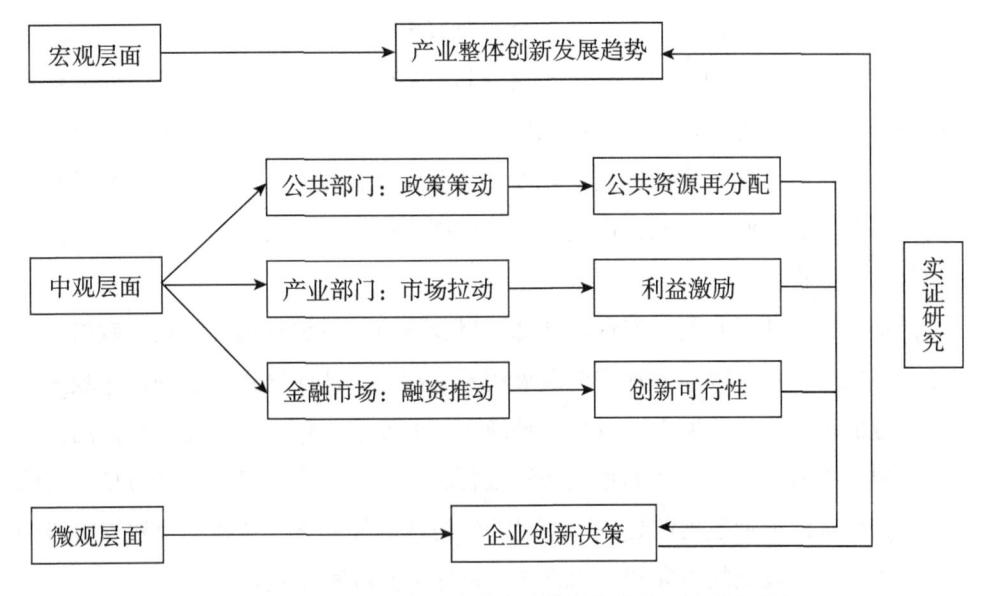

图5-3　融合了新古典经济学方法的新熊彼特理论研究框架

四、战略性新兴产业发展中三大部门的作用机制

战略性新兴产业的发展是一项社会系统工程，它的发展需要政府的政策支持、已有的传统产业的发展基础和金融体系的融资支持，这三个方面都是战略性新兴产业发展动力体系的形成基础。根据新熊彼特理论，战略性新兴产业发展的中观层面的形成和持续，同样需要产业部门、公共部门和金融市场三大部门的共同演化，从而构成一个完整的发展动力体系。在这一动力体系的作用下，战略性新兴产业在中观层面上完成了从萌芽期到成长期，甚至是成熟期的发展，而公共部门、产业部门和金融市场三大部门在战略性新兴产业发展中起到的作用各不相同，演化轨迹也不相同，但三者之间的相互作用、交叉影响，将会对战略性新兴产业的创新进程和产业发展绩效起到重要影响作用。

（一）战略性新兴产业发展中的公共部门作用机制

根据新熊彼特理论，创新是公共部门存在的必要性因素，这是新兴产业发展的一个主要特点。其发展前景是不确定的，并且这种不确定性具有可持续性。为了保持新兴产业稳定发展所需要的资金，政府要有效地运用现有的公共资源。一方面，可以通过直接动用政府支出来保障其在基础创新上的投入，增加对社会资本的吸引力；另一方面，社会个体在新兴产业的不确定性发展中，通过签订社会合同，推动社会个体形成新的交易规则，从而保证合法收入的安全，保持微观个体的创新行为。同时，公共部门也可以利用强大的社会动员能力，对社会经济起到积极的引导作用。

然而，由于缺乏对新兴产业的认知，以及没有及时进行信息收集，政府在制定相关政策时，往往容易忽视产业发展的长远利益，从而导致政府制定的政策与新兴产业的现实脱节。所以，就战略性新兴产业而言，作为一个复杂系统的公共部门，要面临着一个非线性的系统演进过程。因此，必须明确政府和市场之间的界限，密切关注产业发展的趋势，并且要针对战略性新兴产业在各个发展阶段的不同需求，调整政策的方向和作用方式，以保证其顺利发展。

1.公共部门在战略性新兴产业发展萌芽期的作用机制

在战略性新兴产业发展的早期阶段，应该积极地发挥政府整合资源的功能，利用鼓励性政策和政府的直接投资来促进产业的发展，特别是要加大对战略性新兴产业发展所需要的基础建设的投入，为战略性新兴产业的发展创造一个良好的宏观政策环境。尤其是可以加强以税收优惠、补贴等为形式的产业政策，将社会资本引入战略性新兴产业领域。社会关注与资金投入是战略性新兴产业启动创新的基础条件。

政府借由发布产业和发展规划显示其政策方向，并借此向全社会提出发展战略性新兴产业的倡议。在我国的政策环境下，政府对资源配置的影响较大，因此，政府的产业发展策略将会引起全社会的关注和资金的涌入，这对于发展战略性新兴产业来说，是非常重要的。

2.公共部门在战略性新兴产业发展成长期的作用机制

在战略性新兴产业的发展步入成长期后，政府要逐渐退出主导地位，重点发挥在各部门之间的协调作用，确保产业的发展不会因部门之间的不协调而出现反复或倒退的情况。

从技术层面来看，我国战略性新兴产业已进入技术演进加速期，技术创新层出不穷，市场在接受了战略性新兴产业的产品和服务之后，开始围绕产品和服务衍生出新的个性化需求，技术创新需求也不断涌现。这就要求国家不断推进共性技术、产学研合作平台等方面的建设，并引导更多企业加入战略性新兴产业。尤其是要在政府的推动下，吸引民间资本来发展科技成果转化中介组织，构建出一系列强有力的配套产业。同时，还要将民间资本灵活、适应性强的特点充分发挥出来，让产业链得到全方位的拓展，让产业创新生态得到优化，进而带动其他相关产业的发展。

3.公共部门在战略性新兴产业发展成熟期的作用机制

在战略性新兴产业的发展步入成熟期之后，政府应该实现市场机制对产业的发展方向的完全控制，努力维持好产业发展的秩序和市场竞争的环境，构建一种稳定、有效的政企关系。特别是在产业发展的前期阶段，应逐渐取消政府对产业的补助，使产业达到彻底的自我"造血"能力。到了这个时候，整个产业已经形成了一个完整的产学研体系，并形成了一个科技成果转化的组织体系。在这种情况下，政府应该扮演"守夜人"的角色，减少对经济的干涉，让产业的发展完全取决于市场。

（二）战略性新兴产业发展中的产业部门作用机制

在新熊彼特理论中，产业部门指的是产业发展的经济与物质方面，它属于一个被微观经济个体所推动，并且受到了宏观环境巨大影响的中观的产业层面。随着战略性新兴产业的发展，传统产业被替代是必然的，经济在这一过程中发生着显著的结构性质变，其竞争的内涵已经超出了古典经济学所描述的价格竞争模型，创新竞争越来越起到主导作用。知识的生成与扩散是创新竞争的核心，其复杂程度决定了全行业发展的非线性演进路径，也为行业角色定位带来了极大的不确定性。所以，对于战略性新兴产业来说，产业部门要为其提供适合产业发展的技术基础、人才基础和产业基础，这些都包括了产业发展所需要的物质基础，从而促进产业的快速发展。

1.产业部门在战略性新兴产业萌芽期的作用机制

在战略性新兴产业发展的最初阶段，产业部门要以现有的产业发展基础为支点，在政府的指导和金融部门的支持下，激发微观个体的创新潜能，逐步形成与产业发展需求相适应的创新活动。比如，在技术层面上，企业将会积极地借鉴国外有关产业的发展成果，利用国内技术购买、国外技术引进、消化和吸收等方式，来获得从事战略性新兴产业生产的基本条件。在人才方面，很多与传统产业相关联的生产人才和技术人才已经将他们的注意力转移到了战略性新兴产业上，从事着对战略性新兴产业相关业务的研究与探索，这使得战略性新兴产业获得了发展所必需的人才基础。在物质基础方面，传统产业中的固定资产、设备等正逐步转移到战略性新兴产业中，为战略性新兴产业的发展奠定了物质基础。

2.产业部门在战略性新兴产业成长期的作用机制

在战略性新兴产业的发展步入成长期后，产业部门开始对战略性新兴产业和传统产业的比重进行调整，用战略性新兴产业慢慢地取代传统产业，对产业结构进行优化，让战略性新兴产业在国民经济中逐渐地起到它原本应该起到的战略主导作用。在技术层面，战略性新兴产业已经逐渐形成了一个具有一定普遍性的技术开发平台，这个平台可以很好地反映出新一代产业技术的发展趋势，如更加信息化、清洁化和智能化。一大批拥有相同技术基础的产业将共享该平台的研究成果，促进产业朝着与市场需求相匹配的方向发展。从市场的角度来看，传统产业的产品正在逐步被战略性新兴产业的产品取代，生产方式和消费模式正在发生着深刻的变化，并与战略性新兴产业的发展形成了良好的互动，此时，对产业部门的创新要求将会更高，需要通过创新来适应不断变化的产业市场需求。在产业资本方面，产业部门也将加速对战略性新兴产业的资本投入，无论是新增投资、在建投资还是扩建投资，都明显偏向于战略性新兴产业，战略性新兴产业在国民经济中的比重快速提升。

3.产业部门在战略性新兴产业成熟期的作用机制

在战略性新兴产业发展的成熟期，产业部门将对已成熟的产业研发模式、盈利模式和营销模式进行探索，科技、金融和企业家三者之间进行了有机的融合，创新活动变成了产业发展的一个有机组成部分，从而使战略性新兴产业的发展步入了一个平稳的发展阶段。在技术层面上，战略性新兴产业的技术模式逐渐成熟，从立项启动、研究、研究完成再到成果转化，都有清晰的流程。战略性新兴产业所依赖的核心生产要素利用形式得到了稳定，产业发展所需要的科技人才培养模式也日渐成熟。在商业模式上，从研发到生产再到销售的完整产业链已经成型，产业链的宽度和长度都在慢慢延伸。此时，产业部门的职能是维护整个产业链，使之在稳定发展的过程中逐渐变得更为完善。

（三）战略性新兴产业发展中的金融市场作用机制

新熊彼特理论强调现实的产业部门和金融部门的相互联系，认为中央银行有责任保持货币部门和实际部门的共生，通过对货币流动性的调控来保持现实领域的创新活力。一方面，可以预防由于金融支持滞后而导致的创新动力不足，以及新兴产业的逐渐萎缩；另一方面，也可以预防在技术突破初期，由于对资金的过度吸引而引发的投资泡沫现象，从而导致潜在的、全面的产业危机，并最终会导致产业的崩溃。

1.金融市场在战略性新兴产业发展萌芽期的作用机制

由于战略性新兴产业是在传统产业的基础上发展起来的，因此，与传统产业相比，其融资上也有一些不足之处。在战略性新兴产业中，既存在着资金供给不足的可能性，又存在着投资过度所带来的泡沫风险。因为我国金融市场的发展还不够完善，所以仍然普遍存在着金融抑制现象。以银行信贷为中心的融资机制，让国有企业拥有信贷资源的相对优势，同时使得民营企业存在融资瓶颈，影响了民营企业对研发的投入。由此，以民营企业为主的战略性新兴产业的发展，很有可能会因为融资困难，导致创新能力的缺乏，使其长期在低端技术水平上徘徊，进而影响整个战略性新兴产业的发展，甚至导致其发展停滞不前。但是从另一方面来看，因为地方政府受到了政策的鼓励，它们正在竞相扶持战略性新兴产业。从全局的角度来看，各地方政府可能会更倾向于投资回报更快的产业，更注重短期规模的扩张，而忽略了对长期产业竞争力的培养。因此，当地企业可能在政府政策的诱导下，加大对资金的投入，但同时忽略了项目本身的投资价值，从而导致这些产业发展得过热，甚至产生了泡沫现象，最后将会对整个产业的发展利益造成损害。而且，在各个行业中，资金分配的不均衡也有可能造成战略性新兴产业的发展缓慢或出现泡沫，投资不足和投资过热并存，这将对我国的资本收益率造成影响。

所以，在战略性新兴产业发展的初期，金融市场应该将重点放在风险投资的启动投入上，帮助企业开拓市场，克服产业发展初期市场需求较小、企业实力薄弱的缺点。

2.金融市场在战略性新兴产业发展成长期的作用机制

在战略性新兴产业进入成长期后,要逐步发挥金融市场竞争机制的优势,不断进行金融创新,为企业的成熟运作提供相应的资金需求,并以更低的成本实现资本在战略性新兴产业内的流动与配置,加快产业结构的升级。

战略性新兴产业的发展,无论是市场的开拓还是技术的研发,都需要在极短的时间内、在高度不确定的情况下,投入大量的资金,这与传统产业依靠股市、债券等传统金融市场的融资来发展是不一样的。所以,在成长期内,应该主要依靠产业的高成长、高回报来形成对新一轮资金的吸引,用天使投资和风险投资来覆盖市场的不确定性,通过探索不同的投资方式,辅助不同的产品生产,来保证一定的收益率。

此时,在市场需求的驱动下,多层次资本市场逐步形成,尤其是以服务中小企业的融资方式,迅速变得丰富起来,提出了进一步放松金融监管的要求,以满足不同行业规模、技术特征和市场特征的需求。产业和金融市场之间存在着高度的依赖关系,而金融市场则通过创新、扩张和融合等方式,促进了战略性新兴产业的迅速发展。

3.金融市场在战略性新兴产业成熟期的作用机制

在战略性新兴产业的成熟期,金融市场和产业之间的互动关系逐渐趋于成熟与稳定,产业的发展也逐渐走向成熟,而金融市场本身也会伴随着产业的成熟而逐渐完善。特别是由政府引导基金、风险投资、科技银行等组成的与战略性新兴产业发展需求相适应的金融支持体系逐渐成熟,所面临的高收益、高风险项目逐渐减少,资金配置和业务结构也趋于均衡,其自身也将逐步转型为稳定的金融机构,金融市场也将迎来稳定的发展阶段。

第六章　我国金融支持战略性新兴产业发展研究

第一节　战略性新兴产业金融需求特征分析

一、一般金融需求分析

战略性新兴产业与传统产业不同，其发展呈现高成长性和高不确定性等特性，因此其金融需求也与传统产业不同，主要有以下几个方面的特性。

（一）由单一融资方式向多元融资方式发展

随着市场竞争的不断加剧，企业对资金的需求也在不断增加，战略性新兴企业对进口押汇投标保函、履约保函、预付款保函、质量维修保函等金融产品的需求也在不断增加，融资方式不断多元化。

（二）融资渠道不断扩展

战略性新兴产业发展对创业投资产业链体系的需求十分迫切，其中包括政府投资引导基金、天使投资、风险投资、私募股权等。随着风险的持续增加，对创业投资风险补偿基金、新能源项目的专项保险、汇率远期的保值合约、汇率及利率掉期等金融服务的需求也在增加。

（三）综合金融服务需求加强

战略性新兴产业如果想要从银行贷款，需要拥有大量的固定资产、清晰的盈利模式等，但是通常很难符合以上的条件。所以，以往的单一金融产品很难有效地为这些企业提供服务，这就对综合金融服务提出了极为迫切的需求。

二、产业生命周期分析

产业生命周期理论在经过不同的发展阶段之后，戈特（Gote）和克莱伯（Kraber）于1982年利用46种产品的最长73年的时间序列数据，按照产业内制造商的数量来划分，构建出了产业经济学中的首个产业生命周期模型。这个模型将产业的生命周期划分为四个阶段，分别是初创阶段、成长阶段、成熟阶段和衰退阶段，其主要是依据产业的市场认知度、产业需求增长速度、产业竞争度、产业技术创新程度和技术扩散程度、用户的购买行为等指标，来对产业所处的阶段进行划分的。

战略性新兴产业尽管在发展战略和经济定位上有别于其他产业，但其发展同样遵循着产业生命周期原理。

（一）初创阶段

此时，新产业还处在萌芽期，只有少数几个企业对其进行了投资。该阶段新产业的市场认可度较低，对战略性新兴产业的内源融资已经无法对其发展进行有效的支撑。因此，这个阶段的产业迫切需要外源资金的注入。

（二）成长阶段

此时，战略性新兴产业发展到成长阶段，也就是所谓的扩张阶段。在这一阶段，产业的市场认可度逐步提高。并且，除内源融资外，一些企业已开始从上下游企业获取商业信贷，银行也可依据其担保状况及企业的运营状况给予一定程度的放款。

（三）成熟阶段

此时，战略性新兴产业逐步走向成熟期。产业的主要产品具有非常高的市场认可度，甚至达到了市场主导的程度。在这个阶段，新兴产业可以比较方便地从银行贷款，同时社会其他资金也更倾向于成熟的企业。在这一阶段，企业不会面临较大的财务危机。

（四）衰退阶段

战略性新兴产业发展进入衰退阶段都会变得艰难，大多数企业的正常利润下降，并有一些企业退出这一领域。此时，投机者和追求高回报的风险投资者是衰退阶段企业的主要融资来源。

三、战略性新兴产业不同阶段的金融需求分析

战略性新兴产业具有生命周期内多个阶段的发展过程，这就导致了其在不同阶段的投资价值和投资风险上存在着差异，并最终决定了其在不同阶段对金融需求有着不同的规律和特点。根据其所处的不同阶段，战略性新兴产业对金融需求的特点也不同。

（一）种子阶段的金融需求

种子阶段是初创阶段中最初的阶段，也是最为艰难和关键的阶段，因此在这里将种子阶段单独列出进行讲述。种子期的战略性新兴产业，大部分从事产品的研究开发，在实验阶段没有出售的产品，但企业的所有者认为产品有巨大的市场前景。这时的财务处于亏损状态，没有收入来源，只有费用支出。种子阶段的企业对资金的需求往往较小，但风险较大，导致金融机构对其评级很低，商业金融机构大多不愿对其提供金融支持，这一阶段所获的资金主要是政府研究开发基金、创业者自有资金或自筹资金，少部分能获得一些天使投资。

（二）初创阶段的金融需求

初创阶段是将种子阶段研究所形成的具有商业价值的项目成果，通过创业来

实现科技成果向产业化转化的阶段。这个阶段企业的主要任务就是把资金投向产品开发和市场开发。初创阶段的技术风险和种子阶段相比有所降低，但市场风险和财务风险则变得较为突出。企业的信用评级在这一时期逐步提高，但要取得外部融资仍然较为困难。由于存在很高的风险，以谨慎为原则的商业银行对处于该阶段的企业的融资申请持审慎态度。这一阶段，政府设立的扶持性创业基金将起到明显的支持作用。

（三）成长阶段的金融需求

在成长阶段，大部分企业的产品已经进入市场，企业销售收入、现金流量逐渐趋于稳定，此时企业所面对的主要风险已经转变为经营风险，以及因规模扩大而产生的资本需求缺口。在这一阶段，企业的融资选择出现了多元化倾向，可以通过民间借贷、信用担保机构担保融资、政府基金、商品贸易融资、典当融资，以及股权的场外交易等途径来获取资金。这一阶段虽然企业仍急需资金，但对外融资的地位却从被动逐渐转变为相对主动。

（四）成熟阶段的金融需求

在成熟阶段，企业已有相当实力，整个产业的经营业绩高速增长，经营风险降低，企业的组织结构等各方面都发生了质变。处于成熟阶段的战略性新兴产业对资金的需求量仍然很大，可抵押的资产越来越多，企业开始通过增加长期债务等增加财务杠杆作用的方式来进行融资，而商业银行等比较稳健的金融机构对战略性新兴产业的放贷意愿也明显增强，获得银行贷款的总体难度降低。

（五）衰退阶段的金融需求

在衰退阶段，整个产业进入生命周期的最后一个阶段，企业的产品销售额和利润额开始逐渐下降，其产品和服务已经不具备市场竞争力。在这种情况下，企业通常会考虑终止现有的产品和服务的生产与销售，转为改进产品或研发新产品来延缓衰退的速度。

第二节 战略性新兴产业发展的金融支持现状分析

发展战略性新兴产业,是我国调整产业结构,实现经济增长方式转型的一项重大举措。目前,我国的金融体制以银行为主、金融市场为辅,两者共同组成了发展战略性新兴产业所需的金融服务的主要供给渠道。另外,因为与传统产业相比,战略性新兴产业具有高成长性和高风险性,所以,以风险资本为主导的新金融业态,同样是战略性新兴产业发展不可或缺的融资渠道。

一、以银行为主的金融机构对战略性新兴产业支持现状

近年来,中国的银行业和金融机构都呈现出相对平稳的发展趋势,其中,银行在储蓄的动员和资金配置中发挥了重要的基础性与关键性作用。

(一)银行支持战略性新兴产业发展的现状

从规模上看,我国目前的金融体制对战略性新兴产业的信贷供给存在不足。国家金融监督管理总局发布的数据显示,近几年来,国家开发银行对重大科技创新项目进行了全方位的支持,在2020年,它发放了2619亿元的科技贷款,为集成电路、生物育种、空天科技、智能机器人等一系列重大科技项目提供了资金支持,帮助了关键领域的核心技术实现了新的突破。但是,这与发达国家对战略性新兴产业庞大的融资需要的扶持力度,以及银行系统中庞大的社会信用贷款相比,仍有较大的差距。所以,从规模上来说,目前我国的金融体系对于战略性新兴产业的支持力度仍需加强。在投资方向上,银行及相关金融机构也须加大对众多的中小型企业、创新企业的扶持力度。

（二）推动银行体系发展是金融支持战略性新兴产业发展的基础

由于战略性新兴产业本身的发展特征和银行制度的特征，我国银行业对战略性新兴产业的支持存在着明显的"规模不足"和"配置偏差"。但是，对于战略性新兴产业来说，银行信贷资金仍是其外部融资的首选。从历史和现实两个方面来看，目前我国的金融结构明显是以银行为主，并且在相当长的一段时期内，这一结构将会是我国金融发展的主要模式。所以，要促进我国战略性新兴产业的发展，就必须建立起一套适合我国战略性新兴产业发展的金融支持机制，而推动银行体系发展则是金融支持战略性新兴产业发展的基础。

虽然我国的银行体系存在一定的信贷资金分配不合理现象，但是在政府合理的制度设计与改革措施作用下，这种政府与金融之间的联系也使银行成为金融支持战略性新兴产业发展的可行路径。在国际上，通过政府和银行的紧密合作，以促进战略性新兴产业的发展，已经有了很多成功的例子。从经济学的观点来看，战略性新兴产业的发展对资本的需求具有分散性和长期性，而银行利用金融中介的规模经济和期限转换能力，在满足这些资金需求方面，有着比较优势。所以，虽然银行将资金从传统产业转移到战略性新兴产业确实存在着一定的风险，但是，由于政府的支持和鼓励，这种风险会在很大程度上被化解，银行能够在没有后顾之忧的情况下，充分发挥自己的优势，实现对战略性新兴产业发展的金融支持。

更深入地观察研究可以发现，内生金融的发展强调，经济内生的需求会促使金融机构的产生，进而推动银行等金融机构发展，因此支持战略性新兴产业也是由经济内生发展的必然需求所导致的。随着全球金融危机的爆发，战略性新兴产业的发展、产业结构的升级和经济增长方式的转型，逐渐成为全球经济发展的新趋势。我国作为一个发展中国家，不但没有畏惧此次挑战，而且还制定了宏伟的发展战略，以求实现跨越式发展。在这种发展大势的驱动下，银行如果不能主动地适应由产业结构升级所引起的宏观经济环境的变化，及时地调整资金配置方式，不但会加大银行体系的系统性风险，而且也不能确保银行目前的高利润增长模式能够长久地保持下去。

二、推动金融市场发展是金融支持战略性新兴产业发展的关键

在战略性新兴产业中，企业更倾向于采用债权融资的方式来满足自身的发展需求。虽然债权融资的成本较高，但它却有以下四点好处：第一，发行企业债券表明企业拥有良好的运营能力，对于提升企业的市场信誉度有很大的帮助；第二，债权融资具有"杠杆效应"，不仅可以为创新企业提供控制权，而且可以为创业企业提供充足的外部资金；第三，通过债权融资的"税盾效应"，可以确保企业在战略性新兴产业中发展所获得的收益，最大限度地转移给投资人，从而吸引外部资本的注入；第四，与银行信贷资金监管相比，创新型企业选择债券融资更具有自主性。

与债权融资相比，股权融资也是一种必要的融资方式。战略性新兴产业的发展具有较强的不确定性，虽然采用债权融资的方式对产业的发展有很多好处，但存在一个较大的缺点，就是债权融资的方式不会为战略性新兴产业的发展分担风险，因此为了实现战略性新兴产业更好地发展，企业需要借助股权融资的方式来分散风险。

虽然我国的金融市场正处在一个快速增长的阶段，但从金融发展的角度来看，我国的金融市场在发挥其金融职能方面还存在着比较明显的缺陷。首先，在对储蓄的动员能力方面，我国的直接金融系统对储蓄的动员能力明显低于以银行为主要代表的间接金融系统。据《中国证券报》报道，截至2022年10月底，我国直接融资存量超100万亿元，占社会融资规模存量的比例逼近30%。相比2017年1月，直接融资存量扩大1.17倍，占比提高4.33个百分点。由此可见，我国直接融资的比重在不断提升，但与国外相对成熟的市场相比，仍有提升的空间。其次，资本市场发展总体滞后且资金配置结构不够合理，这也是我国目前金融市场效率低下的原因之一。由于我国金融市场的本质属性，导致参与市场融资和交易的主要以国有企业、大型企业或半公司化的融资平台为主，使得对于以私营企业为主的创新型中小企业和战略性新兴产业的支持和激励力度不够。

目前，我国的金融市场发展相对于银行系统来说还不够完善，与国际上的先

进国家相比仍有一定差距。所以，从一定程度上可以说，促进我国金融市场的发展，是促进我国战略性新兴产业发展的一个重要方面，也是金融支持战略性新兴产业发展的关键。

三、以风险投资为主的新金融业态对战略性新兴产业支持现状

（一）新金融业态发展现状

新金融业态指的是与传统的银行、保险、证券等金融机构或债券与股票市场相比，为了弥补传统金融服务的缺陷，正在逐渐兴起的新金融机构、准金融机构或某类金融子市场或创新金融服务工具、模式与标准等。新的金融业态主要包括将新的金融工具与新的金融市场相结合发展起来的私募股权投资和风险投资、产业发展基金等。在发达国家，创业投资已形成一种产业，在促进高科技研究开发和产业化方面发挥着举足轻重的作用。

我国为激励创业资金积极参与高科技企业的发展，建立了以国家财政为主导的产业引导基金。产业引导基金是指由政府出资，吸引有关金融、投资机构和社会资本联合设立，交由专业投资管理机构进行管理，带有扶持特定阶段、行业、区域目标的引导性投资基金。这是政府最直接的金融支持方式，可以将社会资金引导到政府所鼓励的产业领域，从而达到政府的产业发展目标。一般情况下，都是通过"母基金"的形式发起创投，或者是通过风险投资或私营股权投资的形式来进行，不以营利为目的，而主要是通过鼓励创业风险投资来对新兴产业进行扶持。2008年之后，为了实现战略性新兴产业发展的目标，产业引导基金的规模扩张呈现出了爆炸性的特点。在2022年上半年，我国累计设立政府引导基金2050只，总规模达到6.39万亿元，其中，2022年上半年新设数量占比已达50.0%，同比增势显著。

（二）新金融业态对战略性新兴产业支持现状

就规模而言，得到新金融业态支持的战略性新兴产业规模仍不够大。《中国风险投资年鉴》发布的数据显示，在我国的5个主要产业领域中，新能源是最受风险资本青睐的产业，而在这些产业中，新能源产业所获得的融资规模占风险投资总额也不足30%。从投资阶段上看，目前我国新融资业态对于战略性产业的支持力度不足，大部分新融资业态基金是在产业成长期的中后期才进入，而不是在初始阶段。这种投资阶段后移的现象，并不能给战略性新兴产业中的企业带来雪中送炭的效果，只是起到了锦上添花的作用，对产业发展的支持力度有限。从新金融业态和战略性新兴产业发展的关系来看，新金融业态和战略性新兴产业之间还未形成一个良性的互动发展关系。国际上新金融业态和高新技术产业的发展实践证明，新金融业态和高新技术产业的发展存在着相互促进的良性关系，一旦两者形成了这种良性关系，便可以实现两者协调发展的长期平衡关系。

（三）推动新金融业态发展是战略性新兴产业金融支持的未来发展趋势

从战略性新兴产业发展的特点来看，技术创新仅仅是产业发展的起点，而产业发展的关键在于成功地实现高新技术产业化。但是，对于大部分处在战略性新兴产业中的创新型中小企业而言，它们在生产管理和市场开发方面的"先天不足"，很容易让其因技术创新很难实现产业化而失去了价值。创业投资是对传统金融服务的一种补充，它的主要功能是在提供风险投资的基础上，提供了"融智"服务。风险投资人愿意冒着巨大的风险去追求有创新性的项目，其原因在于他们本身就是某一行业领域的专家。他们利用自己的资金优势和行业经验，找到最具发展潜力的创新技术，并用最短的时间，将实现创新技术产业化的创新企业培养成熟，进而获得利润。从对项目投资的风险管理和迅速追求收益的动机出发，风险投资人会利用自己多年的行业经验和所积累的市场关系，对高科技创新型企业的经营管理与市场开拓进行指导，甚至是直接参与其中，进而推动战略性新兴产业的整体发展。从以上的分析我们可以看出，推进以风险投资为主的新金融业态的发展，不但具有很大的潜力，而且是实现战略性新兴产业金融支持的未来发展趋势。

四、国家财税政策支持战略性新兴产业发展分析

国家财税政策对于战略性新兴产业的发展具有重要的支持意义,其影响作用也较为明显和深远。在市场经济体制下,政府可以充分利用财税政策调节经济,通过财税政策立法和管理来引导调控战略性新兴产业的发展,实现宏观层次的资源优化配置和引导战略性新兴产业微观经济主体的行为方向。

(一)财税政策助力战略性新兴产业快速发展

1.财税政策的含义与构成

财税政策是财政政策与税收政策的简称,由于税收是财政的组成部分,因此,财税政策也可以统称为财政政策。政府支出指的是整个国家中各级政府支出的总和,它由具体的支出项目组成,主要有两种类型:一种是政府购买,另一种是政府转移支付。政府购买指的是政府对商品和劳务进行的购买,比如购买军需品、办公用品,支付政府雇员报酬、公共项目工程所需要的费用等。政府购买支出是影响国民收入大小的一个重要因素,它的规模与社会总需求的增减有直接的关系。在宏观经济中,政府购买对政府和企业的经济发展起着很大的调节作用。政府转移支付是国家用于社会福利、救济和补助等领域的一项不要求回报的支出。转移支付并不属于国民收入的一部分,其作用只是政府对收入在不同社会成员之间进行了一次转移,并对其进行了再分配。

财税政策中最重要的一项工具就是税收。税收收入是一项重要的财政收入,是一项国家为实现其职能而采取的措施。它是国家凭借其政治权力,按照法定的标准,强制地、无偿地取得财政收入的一种方式。税收同政府购买和政府转移支付一样,也存在着"乘数"效应,也就是税收的变化对国民收入的变化起着乘数作用。在财政收入不能满足开支的情况下,就会发行公债,使公债作为财政收入的一部分。公债是指一个国家的政府对民众的债务。公债与税收收入不同,是政府利用自身的信用来筹集财政资金,主要可以分为两种形式,包括中央政府的债务和地方政府的债务。

2.政府采购政策与战略性新兴产业的成长

政府采购是一种对公共采购管理的制度,是一种政府行为。政府采购政策是指政府制定的关于政府采购活动的指导原则和大政方针。

财政部发布的数据表明,在2022年,政府采购与公共资源交易的规模持续增长。在这当中,国有企业的政府采购和投标已经达到了38万亿元。在人工智能、大数据、云计算、区块链等信息技术的帮助下,政府采购的数字化转型得到了迅速的发展。在这一过程中,作为数字化采购主要力量的国有企业和中央管理企业,其采购的数字化转型和供应链的升级速度进一步加快。2022年,98个中央管理企业实现了80%以上的网络采购率,30%的国有企业实现了网络采购率50%以上。庞大的政府采购规模对于一些行业的发展也会有很大的支持作用,如果国家能够适当地在政府采购方面给予一定倾斜,必然对战略性新兴产业的发展起到重要的推动作用。

3.政府转移支付政策与战略性新兴产业的成长

转移支付指的是政府或企业的一种不以购买本年的商品和劳务而作的支付,也就是政府或企业无偿地支付给个人或下级政府,以增加其收入和购买力的费用,这是收入再分配的一种方式。政府转移支付,又被称为财政转移支付。作为政府间金融活动的一种重要方式,财政转移支付对均衡各级政府财政支付能力、保证不同地区纳税人得到大致均等的公共物品、推动区域经济发展具有重要意义。在现代税制国家中,转移支付作为一种新的财政支出方式,其比例越来越大,并逐渐成为我国政府的一种重要的财政支出方式。政府间财政转移支付是指各级政府之间财政资金的相互转移或财政资金在各级政府之间的再分配。政府间转移支付是一种新的、有组织、有计划、有目的的转移。

当前,我国的政府转移支付被分成了两种类型:一种是一般性转移支付,另一种是专项转移支付。一般性转移支付的总体目标是缩小地区间的财力差距,逐渐实现基本公共服务均等化,保证国家出台的主体功能区政策能够顺利实施,加快形成统一、规范、透明的一般性转移支付制度。国家对专项转移支付作出了明确的规定,并要求对有关资金必须专款专用。战略性新兴产业的发展需要政府转移支付的支持,若能通过政府转移支付的方式对其进行支持,将会极大地促进新兴产业的发展。

4.税收政策与战略性新兴产业的成长

税收政策指的是在一定的历史时期,为了实现一定的社会或经济目标,通过一定的税收政策手段,调节市场经济主体的物质利益,给予强制性刺激,从而在一定程度上干预市场机制运行的一种经济活动及其准则。国家通过税收的强制力来指导社会和经济的发展,实现了对社会和经济结构的合理调整。在不同的税收政策之下,国家可以对一些产业进行税收激励,以此来促进这些产业的成长和发展。如果国家能够给予战略性新兴产业更大程度的税收优惠政策,那对促进战略性新兴产业的发展必定会起到极大的激励作用。

(二)我国战略性新兴产业税收优惠现状

近年来,国家对新兴产业实施了一系列的税收政策,其中包括增值税、消费税、所得税、资源税、营业税等,并提高了对高能耗、高污染、高资源型产品的出口退税率。现行的税收优惠政策比较分散,经过梳理归集,主要有以下几个方面。

1.节能、环保产业税收优惠政策

节能、环保产业税收优惠政策具体包括:环境保护、节能节水项目所得减免企业所得税,购置节能节水、环境保护和安全生产专用设备投资抵免企业所得税,资源综合利用企业的税收优惠政策。

2.鼓励科研投入的税收政策

鼓励科研投入的税收政策具体包括:固定资产加速折旧,研究开发费加计扣除,符合条件的技术转让所得减免所得税。

3.鼓励企业发展的税收优惠政策

鼓励企业发展的税收优惠政策具体面向高新技术企业、技术先进型企业、软件企业、集成电路企业、动漫企业等。

4.现行战略性新兴产业税收优惠政策的局限性

(1)增值税和企业所得税政策中对资源综合利用比例标准不一。目前,针对资源综合利用企业,两种税制定的标准不一致,有即征即退的,有对综合利用比例设置要求的,所得税的比例为70%,增值税只需30%。建议统一标准,以此促进循环经济的发展。

(2)技术先进型服务企业认定标准不够合理。例如,跨国公司设在中国境内的研发中心或生产基地越来越多，且从事技术服务外包的公司通过跨国公司在中国境内的研发中心或生产基地签订服务合同，虽然这些公司从技术创新能力和技术服务能力上具备技术先进型服务企业的认定条件，其所提供的合同也是与国外知名的跨国公司签订的，但由于无法达到与境外客户签订服务外包业务收入不低于当年总收入的50%的指标，无法享受优惠政策。

（3）企业为开发新技术、新产品、新工艺发起的研究开发项目的认定处理弹性较大，认定标准存在不一致的情况。

（4）在所得税方面，一是企业研发费用加计扣除的力度不够，二是环境保护、节能节水税收优惠政策不够完善，三是购置专用设备投资抵免税额的优惠目录不够全面。

第七章 构建战略性新兴产业发展的金融支持体系的对策与建议

第一节 优化推动战略性新兴产业发展的融资环境

优化推动战略性新兴产业发展的融资环境主要从宏观经济环境、金融市场环境和政策法规环境三个方面展开。

一、宏观经济环境

这里的宏观经济环境是指战略性新兴产业发展的融资背景大环境。每一个国家的经济发展情况都会对战略性新兴产业的融资产生重要影响。首先，它会对金融市场的发展产生直接影响；其次，它会影响融资主体的心理预期；最后，它会影响企业的生产经营和融资成本。为使我国经济能够平稳健康发展，应该对目前我国经济发展中凸显的问题和潜伏的隐患逐一清理解决，并对经济发展进行分析预测，及早发现问题，未雨绸缪，更好地为我国战略性新兴产业融资提供良好的内外部环境。

首先，从经济学中拉动经济增长的"三驾马车"（投资、消费和出口）入手，着重优化国内投资环境，正确引导外资进入我国的战略性新兴企业，促进我国实体经济良性快速发展；通过财税政策刺激国内经济的增长，扩大内需，推动居民储蓄转化为投资和消费；建立健全社会保障体系，提高就业率，推动医疗制度改革，注重民生问题。例如，中国人民银行在2024年初同时宣布采取"降准"+"定向降息"两种工具，释放出了积极信号，有助于扩需求、稳增长，改善资本市场投资者预期，稳定金融市场运行，继续营造良好的金融环境，为重大战略、重点领域和薄弱环节提供优质金融服务，稳定资本市场和信心。

其次，积极推动经济发展方式转型，改造传统的"粗放型"经济增长模式，重点培育和发展新兴产业和节能环保产业，加快培育高新技术产业的自主创新能力，提高中小企业的核心竞争力。对于我国战略性新兴产业而言，减税、免税、"三免三减半"优惠、即征即退、即征即返等措施是国家财政支持战略性新兴产业的重要组成部分。但是，从我国目前的支持体系来看，战略性新兴产业的税负减免政策比较笼统和分散，尚未构成体系。例如，国家没有区分战略性新兴产业和高新技术产业的不同，有很多战略性新兴产业的税收优惠都是遵照高新技术产业的优惠政策来执行的。对于战略性新兴企业，亟须制定针对它们的专项税收优惠政策，这也是"十四五"时期要解决的重点问题之一。许多发达国家通过政府贴息的方式扶持战略性新兴产业，这也是我国可以借鉴的。

二、金融市场环境

金融市场环境是我国战略性新兴产业直接接触的外部融资环境，对产业融资有着十分重要的影响。良好的金融市场环境，有利于保持融资体系的平稳运行和持续发展，有利于给企业提供方便、快捷、高效的融资环境。

我国金融市场发展势头良好，规模增长较快，为我国战略性新兴产业的融资提供了较多的便利。但是，由于我国金融市场起步较晚，在很多方面仍然存在一定的不足之处。为我国战略性新兴产业打造良好的融资环境，从以下几个方面着手，优化我国金融市场环境。

首先，优化我国金融市场结构。这主要包括六个方面的内容：一是要保持整体的市场规模，使其更好地为实体经济服务；二是不断优化市场结构，使其适应经济发展各个时期的需求,并与实体经济形成良好的互动;三是促进金融资源分布呈现多样化、多元化和分散化的特点;四是推行利率、汇率等核心金融参数主要由市场决定;五是进一步扩大市场的开放程度,可以与世界各地的市场接轨;六是推动金融监管的各项配套措施相互配合,促进金融的发展,深化金融的创新,拓宽金融监管的领域。

其次,进一步扩大直接融资比例,通过证券市场的多层次发展,提升资本市场在产业结构调整和经济发展转型方面的促进作用。应推动"三板"(主板、中小板和创业板)市场融资规模进一步扩大,除了国债融资外,大力发展企业债等多渠道融资。对于银行间接融资而言,应当首先解决战略性新兴产业和银行之间的信息不对称问题,建立健全银企之间的信息交流平台,并且借鉴先进经验,建立银行与战略性新兴产业之间的长期合作关系。在这种关系下,银行不仅给企业提供融资,还成为企业的股东,可以对企业的发展进行监管,进一步加强风险管理。

再次,我国金融市场的创新不足,影响了资源的优化配置和市场效率。因此,应不断创新金融工具,强化金融创新的力度,发展适合我国金融市场实际需要的新型金融工具,在风险可控的情况下,大力发展多种类型的金融工具,拓展主体的选择。同时,加强风险监管机制的配套建设,控制金融风险的发生。

当前,我国的证券交易所的交易类别中还是以股票、债券和基金三大原生金融工具为主,对于创新型的金融工具,包括期权、期货等涉及较少,虽然在金融衍生工具领域有所涉及,但在规模和交易数量方面尚与股票、债券、基金类交易存在不少差距。对此,要加大金融工具创新力度,借鉴发达国家金融市场发展经验,拓宽我国实体经济融资工具类型。

最后,由于金融市场全球化的发展,一国金融市场的风险已经能够快速波及周边国家和地区,而且引发金融风险的因素也日渐复杂。因此,跨部门、跨区域的监管协调和监管合作显得日益重要。目前,要坚持以保持金融市场稳定为目标,为金融创新创造一个与金融市场发展迅速相适应的环境;要加强对信用评级机构等中介机构的监管,提高信用评级机构的透明度和评级水平,为提供金融衍生品的公允价格创造条件。

三、政策法规环境

在优化推动战略性新兴产业发展的融资环境中,政府部门的作用非常重要,大型资金的投资方向都要由政府出台各种政策法规来引导,如图7-1所示。

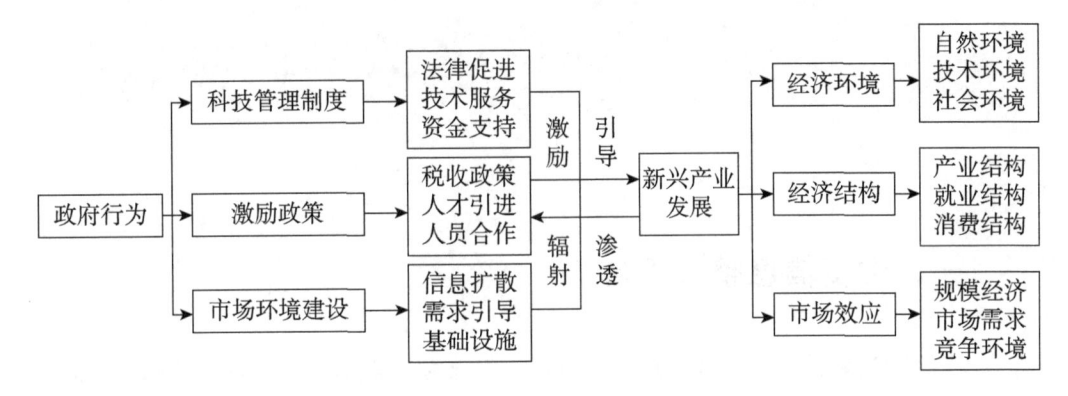

图7-1 政府作用机制模型

为了使投融资双方信息互通,必须建立信息服务平台,同时要有战略性新兴产业融资机制的政策法规来保障投融资双方的利益,进一步明确各融资主体行为、操作流程,规避融资带来的纠纷,使我国战略性新兴产业的融资过程有章可循、有法可依。

搭建一个良好的融资外部环境需要我国政府建立政策性强、针对性强的法律法规体系。这对于我国战略性新兴产业的融资是非常重要的,健全的法律法规体系对于优化战略性新兴产业的融资结构、规范融资行为、提高融资效率具有十分重要的意义,是解决战略性新兴产业融资痛点的重要保证。

该法律法规体系的建立应主要包括以下几个方面。一是健全专利法、商标法、著作权法等知识产权和技术转移等方面的法律法规,打击一切侵害知识产权的行为,使知识产权受到法律保护,鼓励科技创新和知识进步。二是保护融资主体的利益并优化资金的配置。三是建立完善的法律框架。四是从担保、保险、期货、银行、证券、票据等方面,制定相应的法律制度,以保证战略性新兴产业的有效融资。我国应尽早出台创业投资法律法规,以规范创业投资活动,保障创业投资主体的合法权益。对养老基金、保险基金等投资基金，可以在立法上降低有关限制，为战略性新兴产业提供更加匹配的多元化资金来源。

第二节　构建支持战略性新兴产业金融发展的融资平台

一、融资信息整合平台

在我国战略性新兴产业的融资流程中，经常会出现信息不对称的问题。信息沟通的不畅是影响我国战略性新兴产业进一步发展的瓶颈之一。因此，政府除了建立严格的信息披露制度外，还应建立一个为之服务的、便捷的信息服务体系，整合在融资过程中需要掌握的相关信息，借助发达的大数据技术、通信技术、网络信息技术，对战略性新兴产业相关的国内外最新技术成果以及市场行情等信息进行收集，对国家融资政策、融资程序以及投资预测等与融资相关的各个方面信息进行传播，对缺乏资金的战略性新兴企业进行详细的公告，从而达到融资主体供需双方的信息透明和共享的目的。

战略性新兴产业的融资信息整合平台应具备以下四项基本特征。

一是对接性。平台应该主动收集急需资金的战略性新兴企业和可以提供资金的投资方信息，并根据双方的要求和条件进行初步匹配，这样可以使投融资方在平台找到经过规范审核后可以合作的对方，既节省了双方的时间、提高了合作的效率，也提高了合作的成功率。

二是集成性。即此信息服务平台应该是整合了各类相关信息资源的集成平台，能为战略性新兴产业的融资提供可供选择的多类信息。

三是快捷性。战略性新兴企业可以快速地通过该信息服务平台查询到所需信息，平台的用户界面友好，设计简单易查，大数据库智能化的搜索引擎能减少用户搜寻信息所需的时间。

四是共享性。所有用户在使用该平台的服务时均是免费的，平台应按统一标准进行开发、建设，使各个部门、行业、组织和个人之间实现信息的交互共享，切实增强信息传递的有效性。

战略性新兴产业信息整合平台所具有的特征，使得其同时也具备了强大的功能，具体来说，主要表现在以下四个方面。

第一，信息发布功能和咨询功能。信息发布功能主要包括发布国家政策法规、行业新闻、融资信息、用户使用指南及范围，并有上传、下载等功能。咨询功能主要包括分析政策法规、融资申请流程、融资主体情况、融资方案规划、审批进度等方面的内容。此外，该平台还提供了在线咨询和邮件咨询等多种咨询方式，为战略性新兴企业提供专项申请、资产评估、会计和法律事务等多种专业服务。

第二，数据分析功能。该平台可以对战略性新兴产业进行统计，归纳出用户需求的规律性与趋势，实时地反映出产业发展情况，为企业融资提供数据支撑，并以文字、表格、图片等多种方式进行输出。

第三，信息查询功能。这是这个平台最基础的一个功能，它应当为用户提供最便捷的查询方式和最完整的查询结果，从而最大限度地改善投融资双方的信息不对称。

第四，实时监测功能。既可以实时地跟踪监测投融资双方的融资供需状况、融资过程和融资结果，同时还可以对各个企业的信用状况进行监测，让那些具有良好信用状况的企业更容易获得资金的支持。

二、融资渠道对接平台

建立融资渠道对接平台的意义主要在于促进投融资双方的有效沟通。这个平台应引入实时更新的优质的投资资源，并且与战略性新兴企业信息整合平台对接，提高平台运行效率。为帮助战略性新兴企业选择风险最小、收益最高的融资渠道，平台为企业提供专业服务，全面权衡各种因素为战略性新兴企业制订个性化的融资方案。为降低企业搜索信息的成本，平台为需要融资的企业提供以下专业化的服务。

其一，分类检索投资伙伴。需要融资的战略性新兴企业根据各自特点和具体需求通过关键字匹配搜索投资方。找到感兴趣的投资方点击链接，即可以看到关于投资方的所有有价值的信息。例如，公司的近五年的主营业务、资产负债表、资产评估等基本信息。

对于很多战略性新兴企业来说，其不仅缺乏资金，而且还缺乏管理、技术和营销经验。高质量的投资方不仅会为融资方提供资金，而且还会为融资方提供先进的经营理念和管理经验。审核通过后的平台会员，可以使用平台给予的权限，向平台询问更多的投资方信息，以便对投资方有更深入的了解。

其二，大数据挖掘项目收益率。战略性新兴企业利用融资渠道对接平台只需很少的成本就可获得拟融资项目的行业投资月报、年报、投资趋势报告等详细统计信息。这些研究报告都是平台通过大数据挖掘技术进行推算、统计出来的比较精细的信息，能在一定程度上反映出项目的收益率。通过对这些融资项目收益率的了解，战略性新兴企业能够清醒地分析现在行业的竞争情况，然后再决定是否融资某个项目，避免将有限的资金投入激烈的无利竞争。

其三，填写相关信息表。确定意向的战略性新兴企业在平台发布项目信息后，就要按照格式填写信息表，之后，平台会自动对这些信息进行分类，同时将本地区的配套环境、交通等合作方关注的信息与项目进行联系，从而增强了信息的针对性和实用性。同时，发布者也可以在这个平台上与有意向的合作伙伴进行直接沟通。

其四，网络洽谈室。为了使合作双方能进一步开展后续合作，平台为双方提供了网络洽谈室（一对一、多对多）。洽谈室能够自动记录每次的会议内容，并分析打印成册。洽谈室还有一个预约功能，双方可以通过文本、语音、视频等多种媒介进行洽谈。在有了初步合作意向后，双方可通过平台联系实地磋商，以促成双方进一步的合作。

三、融资担保平台

战略性新兴产业大多是无形资产，无法满足许多金融机构融资时的抵押要求，这对我国战略性新兴产业的融资产生了一定的制约，同时我国没有发达国家相对成熟的担保体系，更是加剧了这一情况。

目前，我国的担保公司主要分三类：第一类是纳入监管体系的融资性担保公司；第二类是非融资性担保公司；第三类则是以担保公司名义开展担保和非担保业务的中小型金融机构。由于融资担保业务具有高风险和高资本要求的特点，因此，与其他非融资担保业务相比，金融机构对其的监管更加严格。而战略性新兴行业本身也具有高风险、高投入、周期长的特点，就我国目前的担保公司的整体规模而言，要达到我国战略性新兴产业的总需求还有一段距离。对此，国家可以出台一系列的优惠措施来吸引金融机构、民间资本、风险资本，为资信状况良好、具有发展潜力的战略性新兴产业提供融资担保，促进战略性新兴产业的发展。

从其他国家的战略性新兴产业发展历程来看，设立政策性信用担保体系不失为一项解决方案。一般而言，政策性信用担保体系可以分为三类：第一类是专设小企业管理局的政府机构运行模式，为小型企业提供贷款保证，以获得资金；第二类是由相应的产业协会对中小企业进行信贷担保，如日本通过国民金融公库、中小企业信用保险公库等政策性金融机构对其融资担保进行再保险，从而使风险得以分散；第三类是委托担保机构进行基金运作的方式，这也为我国的养老基金、保险基金运作提供了可借鉴的方向。不管是以上哪种类型的担保方式，政策性信用担保体系在战略性企业的发展中都发挥了重要的作用，不仅增加了战略性新兴产业的融资机会，还增加了融资主体的信心，同时，建立和完善战略性新兴产业的政策性信用担保体系加强了政府对于资金分配的引导。

四、融资专业服务平台

融资专业服务平台是促进我国战略性新兴产业融资有效性的服务平台，该平台在某种程度上会影响融资的效率和结果，因此，该平台应由优质的专业咨询机构作为会员，建立包括融资各方面的完整的服务体系，为我国战略性新兴企业提供专业化的服务，更好地帮助战略性新兴产业解决融资困难的问题。

在该平台的建立上，首先，要考虑的是融资专业服务平台的专业性。专业性服务的保障依赖于专家团队的打造和各领域精英人才的汇集。在融资专业服务平台的建设中可以借鉴发达国家的经验，把对于人才的选择、录用，以及专家团队的打造和人力资源管理作为重中之重，提高服务的质量和水平，体现较强的专业化水平。

其次，融资专业服务平台所提供的服务应当具有一定的广度和深度，能够为我国战略性新兴产业提供包括创业辅导、政策咨询、融资指导、企业信息化、财务管理、人力资源管理和法律咨询在内的多元化、全方位的服务，并且能够对企业的发展进行追踪，为提供后续服务打下基础。

总体来看，融资专业服务平台主要应该由融资咨询服务、融资方案策划与实施服务、法律服务和企业维权、企业财务管理四个模块构成。

融资咨询服务主要是帮助企业了解现有的融资政策导向和融资相关的信息，使企业明晰内外部融资环境，并根据企业的发展状况和企业自身的经营状况，为企业提供最佳的融资方式选择建议和融资策略。对此，可以把成功融资的企业归类整理成经典案例，供有需要的企业查阅。另外，专家团队还可以帮助我国战略性新兴企业筛选投资方，帮助投资方从多个意向企业中圈定出最合适的目标企业。

融资专业服务平台应当能够为企业提供融资方案策划与实施服务。在基于对融资环境等相关信息和企业自身财务状况的分析的基础上，为企业量身策划最佳的融资方案。一般而言，融资方案策划应当考虑融资条件、融资方式、合作期限及资金退出方式等。此外，还需要对企业融资进行包装，撰写标准的可行性报告或者商业计划书，对于企业的发展目标、经营战略、项目发展前景、预期收益等进行完整而清晰的论述，突出项目的投资价值，深度剖析项目的优势。向投资方提供一份规范、严谨的报告将大大提高融资成功的概率。

针对我国大多数战略性新兴产业内部没有专门法律部门的现实，有必要设立法律服务和企业维权模块，为我国战略性新兴产业提供法律咨询与法律普及服务，及时解读国内外有关企业融资的法律法规，并与企业融资现状相联系，针对企业融资中出现的各种法律问题予以帮助，特别是在我国战略性新兴产业遭受融资侵权时提供维权帮助。例如，一旦涉及跨国侵权，企业进行维权的成本较高、难度较大。此时，由平台派出法律专家提供维权咨询服务，或者通过直接代理被侵权方与国内外相关的组织机构进行交涉、协调，维护企业的正当权益。

此外，有相当一部分的战略性新兴产业并没有建立完善的财务制度，企业财务报表的编制不及时甚至缺失，部分企业的财务报表的编制还很不规范，这都给企业的资金运转和融资带来了诸多不便。因此，融资专业服务平台应当注重对于企业财务管理方面的帮助，规范企业的财务管理制度，提高企业资金的利用率，为其融资打造一个良好的企业内部环境。

最后，融资专业服务平台的建立应在实践中不断根据实时的信息加以更新和完善，在后续的发展中针对不同需求推出新的服务功能，以求更好地为我国战略性新兴企业的融资提供专业而有效的帮助。

第三节　拓展支持战略性新兴产业发展的融资体系

一、构建支持战略性新兴产业发展的资本市场体系

（一）总体思路

伴随着全球日益激烈的竞争，国民经济要想更好地发展，需要依靠战略性新兴产业的健康发展，因此，如何搭建多层次的资本市场体系来助力战略性新兴产业的发展就成为支持国家发展战略的重中之重。借鉴发达国家相对成熟的资本市场的经验并结合我国的发展现状，当前我国资本市场的构建应该注重以下几个方面。

首先，构建多层次的资本市场体系。资本市场的基本功能是调节社会资金的余缺、合理配置资源的有效场所，促进产业结构向高级化方向发展并促进社会经济的发展。有强大资金需求的一方是战略性新兴企业，是社会经济中的资金需求方的主要构成者，而资本市场体系发展的决定力量是由企业融资的市场需求

决定。因此，我国资本市场的发展应当充分考虑战略性新兴企业的规模、成长阶段、阶段特性这些特点，多方联动建立符合我国企业现状、能切实推动我国企业发展的资本市场体系。

其次，注重多层次中各层次之间的衔接。虽然多层次的资本市场满足了不同条件的战略性新兴企业的融资需求，但是如果割裂了资本市场各层次之间的联系，也就是相当于把战略性新兴企业的各发展阶段割裂开来，静态地看待融资问题，不符合实际的要求。相比主板市场的高门槛，限制较少的"新三板"市场吸引了不少中小企业和投资者的加入，但是在"新三板"市场"挂牌"，并不能从根本上解决战略性新兴企业资金短缺的问题，因此，应整合资本市场各层次之间的联系，动态解决融资问题。

再次，理解多层次的广义概念。这里的"多层次"不仅指市场，还包括金融工具、审核制度和监管机制。对于不同行业、不同层次的战略性新兴企业，要创新金融工具，对其进行金融支持，同时需要多层次的审核制度进行配套，多层次的监管机制进行维护。

最后，完善多层次的资本市场要以国情为主、以借鉴为辅。不同于大部分发展中国家建立资本市场的过程，美国的资本市场的发展采用的"由小而大"的递进方式，即由小型地方市场整合至大型市场，直到证券交易所成立，所用时间较长。而发展中国家的资本市场多采用"由大至小"的方式，即先建立证券交易所，然后再建立创业板市场，所用时间较短。所以，我国多层次资本市场体系的构建不能盲目照搬发达国家的模式，应该选择性地借鉴，根据我国经济发展所处的环境，规范、科学地构建。

（二）总体框架

关于多层次资本市场的框架搭建，专家学者主要形成了两种学派观点。其中第一种是"塔式"多层次资本市场。在该框架中，分为不同的资本层级，最顶端是主板市场，下面的为二板市场、柜台交易市场、区域性的股票（证券）交易市场等层级市场。最底层受众面最宽，门槛最低；层级越往上，受众面越小，门槛越高。第二种是"组合式"多层次资本市场，包括"两大、一小和三板市场"架构模式，即上海的证券交易所（简称上交所或沪市）和香港联合交易所（简称香港联交所）两个大盘蓝筹股、一个深圳证券交易所（简称深交所）的中小企业融资平台和三板市场。中国的1亿多市场主体中，中小企业占据了绝大多数，其中，民营企业又是中小企业的绝大多数。根据《2023年中国专精特新企业发展系列白皮书》，这些民营企业和中小微企业一起贡献了50%以上的税收，60%以上的GDP经济总量，70%以上的以技术发明为代表的科技创新成果，80%以上的就业岗位以及90%以上的新增就业。因而，如果资本市场是有效、理想的，我国各层次资本市场的资金量应为"正金字塔"分布。然而，截至2022年底的统计数据显示，我国的各层次资本市场实际的资金量分布呈"倒金字塔"形分布。按市值来看，沪深主板市场上市公司的总市值达到88万亿元；而由创业板和科创板组成的二板市场总市值仅为19.2万亿元；代表了三板市场的"新三板"的总市值规模则更小，仅为2万亿元。因此，2021年注册成立的北京证券交易所（简称北交所）被赋予众望，将发挥服务中小企业、深化"新三板"改革、完善多层次资本市场的重要作用。从实体经济角度，北交所将打造服务创新型中小企业主阵地，为中小企业开辟融资渠道。

　　本书从五个方面对我国资本市场进行了分类。第一部分是由主板和中小板组成的一板市场，在这里上市的主要是大型成熟企业。第二部分是由创业板和科创板组成的二板市场，面向高成长性的高科技企业。第三部分是由创新创业型中小微企业组成的三板市场，也称为全国中小企业股份转让系统。第四部分是为特定区域内的企业提供股权、债券转让和融资服务的私募市场。第五部分是由天使投资、风险投资、股权众筹组成的场外交易市场。具体如图7-2所示。

　　虽然框架已具雏形，但由于我国资本市场起步较晚、市场激励不足，该框架仍存在很多不足的地方，结合我国产业发展不均衡、战略性新兴产业融资需求较大的现状，不能只限于专家们提出的"塔式"或者"组合式"框架，而应当注重多层次资本市场体系每个层次中"面、线、点"的构建与组合。

　　在五板细分市场中，由于战略性新兴产业的新兴性和战略性特征，建议在一板和二板资本市场中分别设立战略性新兴产业板块，并根据产业发展规律，设定入市标准、交易规则、转板流程和退市方式，使得处于各种发展阶段的战略性新兴企业都能获得资本市场融资的便利。

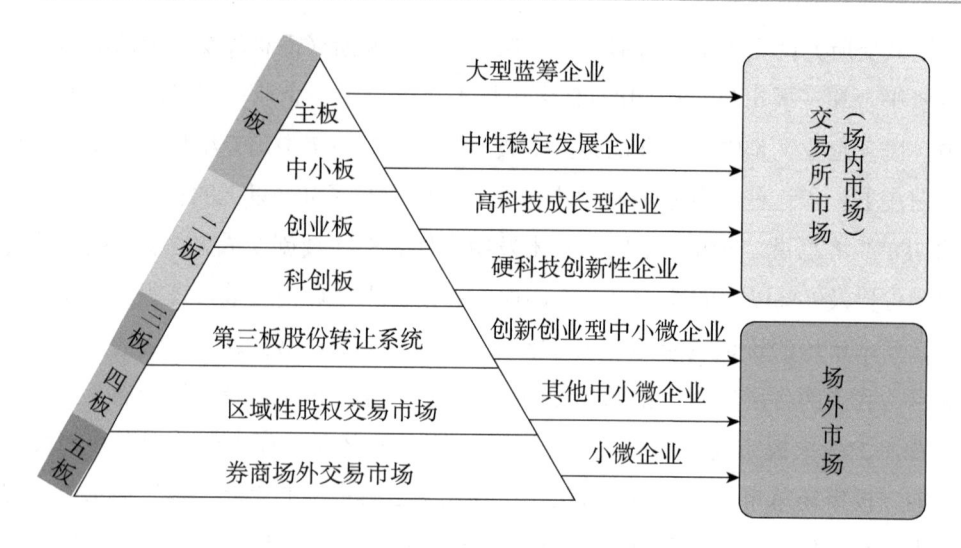

```
        一        大型蓝筹企业
        板    主板 ─────────→      ┌─────┐
              中小板  中性稳定发展企业   │场交 │
        二            ─────────→   │内易 │
        板    创业板  高科技成长型企业   │市所 │
                     ─────────→    │场市 │
              科创板  硬科技创新性企业   │  场 │
                     ─────────→    └─────┘
        三   第三板股份转让系统 创新创业型中小微企业
        板              ─────────→   ┌─────┐
        四   区域性股权交易市场  其他中小微企业  │场 │
        板              ─────────→   │外 │
        五   券商场外交易市场   小微企业       │市 │
        板              ─────────→   │场 │
                                   └─────┘
```

图7-2 资本市场分类

（三）我国建立多层次资本市场的构想

1.建立以证券交易所为核心的主板市场

将现有的证券交易所定位于中国证券市场的"精品市场"。由于该市场发展历史较长，成熟度也较好，可以结合二板、三板市场输送来的优质企业进入和现有不良企业的退出（可以退市，也可以转向二板、三板市场进行交易），逐渐建立起我国的证券精品市场。该市场主要面向规模大、业绩佳的成熟知名大企业，其公司来源主要是二板、三板市场。在满足特定情况的条件下，也可以在主板市场上通过增发进行再融资，但未达到这些指标的企业则不能通过主板市场再融资，特别是不能通过股权再融资的方式寻求融资，以充分保证主板市场上企业的质量，降低该市场的风险。

2.建立以中小科技创业企业为核心的二板市场

对此，我们可以借鉴目前国际上的二板市场最主要的三种典型模式。

（1）一所二板平行模式。该模式即在现有证券交易所中设立一个二板，作为主板的补充，与主板一起运作，两者拥有共同的组织管理系统和交易系统，甚至相同的监管标准，不同的只是上市标准的高低，两者不存在主板、二板转换关系。

（2）一所二板升级式。该模式即在现有证券交易所内设立一个独立的，为中小企业服务的交易市场，上市公司除须有健全的会计制度及会计、法律、券商顾问和经纪人保荐外,并无其他限制性标准,主板和二板之间是一种从低级到高级的提升关系。

(3)独立模式。该模式即二板市场本身是一个独立的证券交易系统,拥有独立的组织管理系统、报价交易系统和监管体系,上市门槛低,能最大限度地为战略性新兴企业提供上市条件。

3.发展场外交易市场,有重点、有选择地推进区域性交易市场的建设

我国三板市场体系的建立可以采取"条块结合"的模式,既有集中统一的场外交易市场,又有区域性的股权、产权交易市场。例如:

(1)借鉴发达国家经验,发展场外交易市场;

(2)在加快发展场外交易市场的同时,积极规范地区性股权交易中心;

(3)为了解决战略性新兴企业的产权交易和转让问题,积极稳妥地发展地方产权交易市场。

二、构建促进战略性新兴产业发展的银行融资体系

(一)由政府部门进行政策引导,创建银行和企业之间的融资信息平台

银行作为金融机构之一,它的投资、贷款等经营决策会受到国家政策的影响,没有国家政策对战略性新兴产业金融支持的政策意见指导,银行很可能不会冒风险去提供贷款。因此,银行的监管部门应当尽快出台对于战略性新兴产业融资的详细法规和方案,这样对于银行来说就有政策可依,并在后期实施中不断随着经济环境的变化修改、完善,引导银行的资金科学、有效地投向战略性新兴产业。

借鉴发达国家对于战略性新兴产业的产品商标、商誉、自主知识产权等无形资产可以评估抵押的做法,我国也可以立法或出台相关政策,引导银行设立专门的评估机构对战略性新兴产业的这些无形资产进行评估,以缓解我国战略性新兴企业的担保资产缺乏的困境。在风险可控的前提下,也可以适当调高银行对战略性新兴企业的贷款准备金率。另外,银行的信用风险主要来源于三个方面:银行与借款企业之外的环境风险,银行作出信贷决策之前的逆向选择问题,银行作出

信贷决策之后的道德风险问题。究其原因，主要是银行和企业间存在信息不对称的问题。信息不对称也是阻碍战略性新兴产业间接融资的重要因素，相关政府部门应当从全局的高度出发，建立我国战略性新兴产业的信息披露机制。

为更好地构建促进战略性新兴产业间接融资体系，可以从几个方面进行约束：一是从法律角度，充分发挥法律的监督作用；二是从社会角度，建立健全社会监督机制，提高融资方违约成本；三是从银行角度，降低贷款银行信息搜索成本，并建立合理有效的内部信用评级制度。

对于我国战略性新兴产业来说，也应该建立健全信息披露机制，建立银企之间的信息披露系统、银企之间融资的信息共享系统、银企之间的信息共享平台等。同时，要对企业数量、规模、产能周期、供给、需求进行定期分析与披露。表7-1列示了部分企业存续期信息披露的内容。

表7-1 部分企业存续期信息披露的内容

序号	内容
PC-0	重要提示、目录及释义
PC-0-1	企业应承诺本报告不存在虚假记载、误导性陈述或重大遗漏，并对真实性、准确性、完整性承担法律责任
	报告盖章页：企业全称、公章及披露时间
PC-0-2	目录：标明各章、节的标题及对应的页码
PC-0-3	释义（如有）：对可能造成投资者理解障碍及有特定含义的名称缩写、专有名词等作出释义，应当在目录次页排印
PC-1	第一章：报告期内企业主要情况
PC-1-1	企业基本情况、联系方式： （1）企业的中文名称及简称，外文名称及缩写（如有）； （2）企业注册资本、法定代表人、注册地址、办公地址及邮政编码、企业网址、电子信箱等； （3）债务融资工具相关业务联系人及联系地址、电话、传真、电子信箱
PC-1-2	募集资金使用情况，企业应按债项逐一披露以下募集资金的使用情况： （1）募集总金额、已使用金额、未使用金额； （2）已使用资金的用途，用途是否已变更，变更情况是否已披露，变更后用途是否符合国家法律法规及政策要求
PC-2	第二章：财务报告 本章按照交易商协会《关于执行国家关于会计师事务所从事证券期货业务政策过渡期安排的公告》有关要求，并参照《非金融企业债务融资工具注册文件表格体系》中C表（财务报告信息披露表）填报

此外，应当鼓励民间资本、风险资本、外资银行支持战略性新兴产业的发展。一些发达国家的战略性新兴产业发展较为成熟，外资银行对于新兴产业的支持也相对形成了一整套完整的支持体系，我国可以借鉴其成功经验，全方位支持战略性新兴产业的发展。

（二）制定评级授信制度，建立长期合作关系

在建立了银行与企业之间的融资信息平台后，银行还应按照一定的评级标准与含义对企业进行评级打分，具体如表7-2所示，之后根据企业信用评级的状况实行差别化的融资政策。

表7-2 信用级别设计及对应的含义

级别次序	计分标准		级别含义
	下限	上限	
AAA	90	100	资信很好，支付能力强，风险极小
AA	80	89	资信良好，有较强的支付能力，风险基本没有
A	70	79	资信较好，有一定的支付能力，风险较低
BBB	60	69	资信一般，基本具备支付能力，稍有风险
BB	50	59	资信欠佳，支付能力不稳定，有一定风险
B	40	49	资信较差，支付困难，有很大风险
CCC	30	39	资信很差，支付很困难，可能违约
CC	20	29	资信太差，偿债能力差
C	0	19	资信极差，完全丧失支付能力

完成企业的信用评级并发放贷款并不等于一切都结束，银行还应进行跟踪管理，做好贷后管理的效率和效果取决于贷款的结构安排。银行必须在贷前或贷中作出相应的安排，主动设置风险预警机制和监控机制，及早捕捉前瞻性风险预警信号，这样远优于被动监察所能获取的滞后性风险预警信号。

（三）创新金融工具，拓宽融资渠道

我国战略性新兴产业的特点要求银行的金融工具有所创新，融资渠道加以拓宽。在银行融资时，我国目前缺少对战略性新兴产业和其他产业的细分与研

究,还是按照常规模式进行审核并发放贷款,但是高风险、高成长的战略性新兴企业并没有更多的符合银行要求的抵押品,对其提供的专利、版权、商标权等无形资产也较难进行评估定价,所以现在银行最急切的任务就是要针对战略性新兴产业的特征,在对风险进行有效控制的基础上,对动产质押融资制度进行完善,并对产业集群内的企业联保联贷等信贷方式进行探索,以扩大质押融资的范围。

在此,有必要区分一般商业银行与投资银行,具体如表7-3所示。大力发展投资银行对战略性新兴产业的投资力度,多层次支持发展战略性新兴产业。在对传统的融资渠道进行改进的同时,还应该以战略性新兴产业的实际情况和特征为基础,积极拓宽外部融资渠道,强化与政府有关部门、民间资本投资公司、小额贷款公司、保险公司、担保公司和各类股权投资机构之间的合作关系,探讨构建多种形式的合作联盟,探索并构建新的盈利模式。

表7-3　商业银行与投资银行比较

	商业银行体系	投资银行体系
资源配置	以银行为主体的机构主导	市场化主体
定价机制	不完全市场化定价	市场化定价
风险管理	风险主要汇聚在商业银行体系	风险由市场化主体共同承担
发展空间	受制于商业银行的资产	受制于金融市场的广度和深度

(四)改进信贷管理办法,构建风险管理机制

目前,我国的信用体系不够完善,企业、个人会因其短期行为而违约,致使银行信贷存在较大的风险。战略性新兴产业本身就具高风险、高投入、周期长的特点,所以,银行尤其要注意对战略性新兴产业融资的风险管理,如可以从风险预测、风险规避和风险保障三方面着手。

首先,银行在招聘人才的时候要适量招聘一些熟悉战略性新兴行业的专业人才,这样就可以由这样的专业人才对战略性新兴企业的现状、趋势进行全方位的风险预测,引入一些适合我国国情的先进评估方法,对战略性新兴产业的融资风险进行科学分类和动态管理,在风险形成初期进行融资的风险预测,再根据预测

结果及时调整融资模式和融资决策。其次，银行要通过多种手段对战略性新兴产业融资风险进行规避，同时尽力保障银行的权益。对此，可以从三个方面入手：其一是风险预测前置，通过授信评级对较高风险企业和较低信用等级企业拒绝发放贷款，提前控制风险；其二是以多家联合贷款（银保、银政等）方式把风险尽可能多地分散到更多行为主体上，减少银行风险承担权重；其三是利用信息共享平台，充分了解贷款行业的发展状况，完善授信额度测算方式，并能合理预测企业的资金需求量，避免过度融资造成的资源浪费，保障银行的权益。

参考文献

[1] 白恩来.战略性新兴产业发展的政策支持［M］.北京：经济管理出版社，2020.

[2] 顾乃华.战略性新兴产业发展研究［M］.广州：暨南大学出版社，2022.

[3] 何文韬.战略性新兴产业动态演进研究［M］.北京：中国社会科学出版社，2019.

[4] 胡吉亚.科技金融支持战略性新兴产业发展［M］.北京：社会科学文献出版社，2023.

[5] 黄伟.战略性新兴产业通识［M］.北京：机械工业出版社，2020.

[6] 黄先海，宋学印，杨高举.中国战略性新兴产业发展：机制、路径与政策［M］.杭州：浙江大学出版社，2021.

[7] 江静，陈柳，王宇.战略性新兴产业发展及扶持政策绩效评估［M］.北京：经济科学出版社，2022.

[8] 李莉.战略性新兴产业高端化：理论与实践［M］.北京：经济管理出版社，2021.

[9] 李云鹤.动态公司治理与战略性新兴产业企业研发创新［M］.上海：上海交通大学出版社，2022.

[10] 马传慧.战略性新兴产业信贷配置研究［M］.北京：经济科学出版社，2021.

[11] 牟绍波.开放式创新环境下战略性新兴产业创新能力研究［M］.北京：科学出版社，2019.

[12] 钱燕.风险投资对战略性新兴产业发展的影响研究［M］.北京：经济科学出版社，2022.

[13] 王建民，王欢，杨木春.战略性新兴产业技术创新主体胜任力研究［M］.北京：中国经济出版社，2020.

[14] 王伊攀.战略性新兴产业政府补贴［M］.北京：中国经济出版社，2019.

[15] 吴海燕.战略性新兴产业金融支持研究［M］.北京：中国商业出版社，2021.

[16] 许登峰，甘玲云.西部民族地区战略性新兴产业协同创新研究［M］.北京：中国科学技术出版社，2020.

[17] 薛澜，周源，李应博，等.战略性新兴产业创新规律与产业政策研究［M］.北京：科学出版社，2015.

[18] 张冀新.战略性新兴产业：创新效能与成长模式［M］.北京：经济科学出版社，2022.

[19] 张敬文，黄山，徐莉.战略性新兴产业集群协同创新发生机理研究［M］.北京：经济管理出版社，2022.

[20] 中国科学院科技战略咨询研究院.构建现代产业体系：从战略性新兴产业到未来产业［M］.北京：机械工业出版社，2022.

[21] 周茜.中国环境规制与战略性新兴产业创新研究［M］.北京：方志出版社，2020.

[22] 周士元.战略性新兴产业集聚、新型城镇化与金融集聚耦合协调研究［M］.北京：中国经济出版社，2019.

[23] 陈秀珍.战略性新兴产业的发展条件［M］.北京：中国经济出版社，2013.

[24] 陈一鸣，魏倩男，廖芝，等.我国战略性新兴产业基地的培育机制研究［M］.北京：中国经济出版社，2017.

[25] 付广军.税收与战略性新兴产业［M］.北京：中国市场出版社，2011.

[26] 甘绍宁.战略性新兴产业专利技术动向研究［M］.北京：知识产权出版社，2013.

[27] 韩秀成，袁有楼.战略性新兴产业专利联盟构建的理论与实践［M］.北京：知识产权出版社，2016.

[28] 荆浩. 基于商业模式创新的战略性新兴产业发展研究 [M]. 沈阳：东北大学出版社，2016.

[29] 李叶飞. 中国战略性新兴产业发展模式、选择标准和发展战略研究 [M]. 北京：中国经济出版社，2017.

[30] 林继扬，张明火. 科技创新驱动战略与福建战略性新兴产业发展 [M]. 福州：福建科学技术出版社，2015.

[31] 刘淼. 创新与融合：财税金融政策支持战略性新兴产业发展的选择 [M]. 北京：中国经济出版社，2013.

[32] 马军伟. 战略性新兴产业发展的金融支持及其效率研究 [M]. 武汉：湖北人民出版社，2016.

[33] 田娟娟，李强. 战略性新兴产业融资的效率与风险研究 [M]. 沈阳：东北财经大学出版社，2017.

[34] 王力. 税收鼓励战略性新兴产业发展 [M]. 北京：中国税务出版社，2013.

[35] 王永顺，沈炯. 战略性新兴产业：成长、结构和对策 [M]. 南京：东南大学出版社，2012.

[36] 王勇. 战略性新兴产业简述 [M]. 北京：世界图书出版公司北京公司，2010.

[37] 杨震宇，史占中. 战略性新兴产业的发展绩效与路径研究 [M]. 上海：上海交通大学出版社，2017.

[38] 张鹏，黄攀. 比较优势动态演化下的战略性新兴产业区域嵌入研究 [M]. 广州：华南理工大学出版社，2016.

[39] 张天维，姜岩，陈岩. 战略性新兴产业的实证研究 [M]. 沈阳：辽宁教育出版社，2015.

[40] 赵永庆，辛社伟，陈永楠，等. 中国战略性新兴产业 [M]. 北京：中国铁道出版社，2017.

[41] 周戟. 战略性新兴产业圆中国梦 [M]. 上海：上海科学技术文献出版社，2014.

[42] 白京羽，林晓锋，尹政清. 全球生物产业发展现状及政策启示 [J]. 生物工程学报，2020，36（8）：1528-1535.

[43] 步晓宁，黄如良. 战略性新兴产业的融资困境与担保体系重构［J］. 改革，2013（9）：33-39.

[44] 曹虹剑. 中国战略性新兴产业组织创新异质性与复杂性的视角［J］. 社会科学，2021（7）：60-67.

[45] 陈洋林，储德银，张长全. 战略性新兴产业财政补贴的激励效应研究［J］. 财经论丛，2019（5）：33-41.

[46] 储德银，纪凡，杨珊. 财政补贴、税收优惠与战略性新兴产业专利产出［J］. 税务研究，2017（4）：99-104.

[47] 狄蓉. 金融供给侧改革视角下地方战略性新兴产业融资问题研究［J］. 甘肃农业，2020（3）：82-85.

[48] 郭江江. 战略性新兴产业发展新趋势新特点［J］. 浙江经济，2020（12）：7.

[49] 郭天娇，邹国庆. 战略性新兴产业开放式创新模式与对策研究［J］. 经济纵横，2020（3）：102-107.

[50] 胡明晖. 从《科学技术基本计划》看日本科技发展战略［J］. 科学管理研究，2012，30（2）：116-120.

[51] 胡续楠. 中国新材料产业集约化发展研究［D］. 长春：吉林大学，2019.

[52] 黄先海，党博远，宋安安，等. 新发展格局下数字化驱动中国战略性新兴产业高质量发展研究［J］. 经济学家，2023（1）：77-86.

[53] 黄先海，张胜利. 中国战略性新兴产业的发展路径选择：大国市场诱致［J］. 中国工业经济，2019（11）：60-78.

[54] 靳光辉，刘志远，花贵如. 政策不确定性与企业投资——基于战略性新兴产业的实证研究［J］. 管理评论，2016（9）：3-16.

[55] 李柏洲，王雪，苏屹，等. 我国战略性新兴产业研发—转化两阶段创新效率［J］. 系统工程，2019，37（4）：48-56.

[56] 李佳洺，张培媛，孙家慧，等. 中国战略性新兴产业的空间集聚，产业网络及其相互作用［J］. 热带地理，2023，43（4）：646-656.

[57] 刘雯. 我国战略性新兴产业发展中的金融支持研究［J］. 大众投资指南，2020（1）：2.

[58] 刘晓龙，葛琴，崔磊磊，等.新时期我国战略性新兴产业发展宏观研究[J].中国工程科学，2021，22（2）：9-14.

[59] 吕静韦.战略性新兴产业动力机制：调节效应的发挥[J].科研管理，2020，41（6）：47-55.

[60] 马春晓.我国战略性新兴产业技术创新效率及其影响因素研究[D].济南：山东财经大学，2021.

[61] 南晓莉，韩秋.战略性新兴产业政策不确定性对研发投资的影响[J].科学学研究，2019（2）：254-266.

[62] 邵云飞，穆荣平，李刚磊.我国战略性新兴产业创新能力评价及政策研究[J].科技进步与对策，2020，37（2）：66-73.

[63] 宋歌.以创新驱动战略性新兴产业发展的路径与对策研究[J].中国科技产业，2022（9）：57-59.

[64] 孙涛.我国战略性新兴产业金融支持体系构建论略研究[J].金融文坛，2021（2）：19-21.

[65] 孙雅丽.战略性新兴产业财务金融支持刍议[J].会计师，2019（7）：21-23.

[66] 王蕙.新时期金融支持战略性新兴产业发展困境及对策——基于政府推动视角[J].理论探讨，2019（5）：123-128.

[67] 闫俊周，杨祎.中国战略性新兴产业供给侧创新效率研究[J].科研管理，2019（4）：34-43.

[68] 张冀新，王怡晖.创新型产业集群中的战略性新兴产业技术效率[J].科学学研究，2019，37（8）：1385-1393.

[69] 赵红.金融创新支持战略性新兴产业发展的对策[J].经济研究参考，2014（6）：19-21.

[70] 周思池.战略性新兴产业创新发展的现实路径——基于金融支持的角度考量[J].中国商论，2021（15）：108-110.

[71] 朱平平.浅谈战略性新兴产业发展的金融支持对策[J].经济与社会发展研究，2020（10）：57.